U0543414

人工智能的刑事责任研究

热娜古·阿帕尔 著

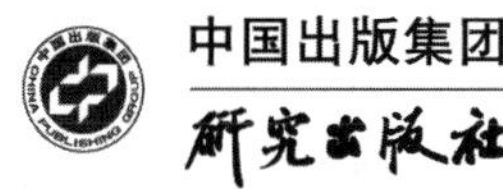

图书在版编目 (CIP) 数据

人工智能的刑事责任研究 / 热娜古 · 阿帕尔著 .
-- 北京 : 研究出版社 , 2022.2
ISBN 978-7-5199-1213-0

Ⅰ . ①人… Ⅱ . ①热… Ⅲ . ①人工智能 - 应用 - 刑事责任 - 研究 Ⅳ . ① D914.104-39

中国版本图书馆 CIP 数据核字 (2022) 第 024640 号

出 品 人：陈建军
出版统筹：丁　波
责任编辑：安玉霞

人工智能的刑事责任研究
RENGONG ZHINENG DE XINGSHI ZEREN YANJIU
热娜古·阿帕尔　著
研究出版社 出版发行
（100006　北京市东城区灯市口大街100号华腾商务楼）
北京云浩印刷有限责任公司　　新华书店经销
2022年2月第1版　2024年3月第2次印刷
开本：880mm × 1230mm　1/32　印张：8.25
字数：180千字
ISBN 978-7-5199-1213-0　定价：58.00元
电话（010）64217619　64217652（发行部）

版权所有•侵权必究
凡购买本社图书，如有印制质量问题，我社负责调换。

目　录

导　言

一、研究背景

（一）现实背景

所谓人工智能，其本质所指向的是一种依托于数据运算、以计算机软硬件为支撑、具有人类行为模仿能力的技术。在当下，人工智能正在席卷我们生活的方方面面。无人驾驶汽车、人脸识别、机器翻译、声纹识别、智能客服、智能外呼、智能音响、个性化推荐、医学图像处理、图像搜索等人工智能场景已经广泛应用于交通、教育、商业、医疗、环保、管理、司法、行政等各个领域，并且更多的智能化需求已经潜藏在传统的经济、社会领域之中，推动着行业、经济、社会乃至政治、法律重大的结构调整和持续不断的革新。在这个过程中，人类的生活方式悄然发生着改变，思维方式也在变化，社会的整体生产力实现升级。2017 年，国务院发布了《新一代人工智能发展规划》，提出要构建开放协同的人工智能科技创新体系、培育高端高效的智能经济、建设安全便捷的智能社会、加强人工智能领域军民融合、构建泛在安全高效的智能化基础设施体系、前瞻布局新一代人工智能重大科技项目等一系列人工智能技术的推广和发展的目标，以期能够引导人工智能健康有序地发展。尽管人工智能的本质是一项技术，但却因其所具有的巨大的人类替代性而潜藏着一系列危机。应当看到，当前人工智能正在以一种极其迅速的速度扩展到人类社会、经济、政治生活的方方面面，在这些被人工智能渗透的领域中，人工智能并不是作为一项传统的完全为人类所掌控的技术而存在，相反，它所进行的是取代人类劳动的仿人类活动，它模拟人类的行为和认知，从事大量的传统经济社会中只能由人来承担和处理的工作，并且呈现出取代更多人类劳动的趋势。正是在这种情形下，它不可避免地存在引发大量潜在危险的可能性，其中就包括人工智能与人类真实社会所引发的大量刑事风险和危机。例如，早在 20 世纪 50 年代，美国的路易斯安那州就出现了无人驾驶汽车致人伤亡事件，引发了一系列法律上的认定困难。[①] 2015 年，德国同样出现了类似的人工智能伤亡案件。一家汽车工厂在生产加工的过程中，机器人意外导致一名员工身亡，引发了公众对人工智能技术潜在危险的忧虑。[②] 2015 年，英国首例机器人心脏瓣膜修复手术过程中，机器人把病人的心脏“放错位置”，还戳穿了大动脉，致使血溅摄像头，机械臂“乱动”打到了医生的手。因为机器人主机发出的声音过于嘈杂，医生之间的交流完全靠“吼”，现场乱成一团……最终，接受手术的患者在术后一周去世，英国首例机器人心脏瓣膜修复手术以失败告终。[③] 原本是一场最尖端医疗 AI 技术的展示，没想到却成了一场鲜血四溅的惨案。

那么，我们应当如何看待这些由人工智能技术的应用引发的刑事风险及其产生的刑事责任的归责问题？这是在人工智能迅速发展的过程中我们不得不面对和进一步思考的问题，这一问题的界定也为当前刑事科学带来了挑战。随着人工智能技术的持续深入发展，人工智能触犯刑法的刑事风险也在不断攀升，它具有越来越多的构成刑事犯罪的可能性，由此

---

① In Arnold v. Reuther，92 So. 2d 593，596（La. Ct. App. 1957）.

② 《德国大众工厂惊现“机器人杀人”事件，也许机器人统治地球的日子不远了》，载 IT 时代网，http：//news. ittime. com. cn/news/news _ 5244. shtml? utm _ source = tuicool&utm_ medium = referral，最后访问时间：2020 年 8 月 17 日。

③ 《纪录片丨骇人听闻的手术机器人致死案……凶手居然是他们!!!》，载搜狐网，https：//www. sohu. com/a/278842713_ 562020，最后访问时间：2021 年 12 月 10 日。

产生人工智能刑事风险。

从本质上来说，所谓人工智能刑事风险，其本质就是指在人工智能技术的研发和推广运用过程中可能会产生的与人工智能相关的犯罪。如果以人工智能在犯罪中所处的角色、具有的功能和地位来看，可以将与人工智能相关的犯罪划分为三类：第一种类型，针对人工智能所实施犯罪，在此类犯罪中，人工智能是犯罪行为所指向的对象；第二种类型，利用人工智能实施犯罪，人工智能实际上发挥着犯罪工具的作用；第三种类型，对人工智能未尽安全生产、管理义务的犯罪。从狭义上来看，真正与人工智能相关的犯罪仅包含后两类犯罪，即利用人工智能实施犯罪和对人工智能未尽安全生产、管理义务的犯罪，前者是故意犯罪，后者是过失犯罪。但无论对人工智能相关的犯罪如何进行划分，与人工智能相关的犯罪都不可避免地具有犯罪主体模糊、危害行为复杂、因果关系错综、危害结果严重等特征，这一系列特征将不可避免地引发人工智能的刑事责任规则困境。有鉴于此，本书欲对人工智能的刑事责任规则问题进行研究，以强化对人工智能的刑事控制，防止其潜在的刑事危机。

（二）理论背景

当前人工智能的发展所引发的挑战不仅仅是对社会经济现实领域，还对刑法理论的发展产生了较大的冲击。在这个背景下，对于人工智能刑事责任的研究就不仅仅是解决现实出现的人工智能刑事风险和刑事危机的问题，对其相关问题的研究也就成为回应当前刑事理论革新的需要。

首先，人工智能的发展为刑法人类中心主义理论带来了挑战。必须看到，人工智能的出现和广泛应用为刑法主体理论带来了挑战。人工智能是否能够成为刑事责任主体的问题，其关键点就在于如何对人工智能的法律地位进行界定，而这一问题的解决不可避免地需要追溯至犯罪主体理论、行为理论等。这些传统的理论在人工智能的冲击之下，要重新接受检验，刑法人类中心主义开始出现松动，它提出了容纳更多刑事主体的需求。

其次，人工智能的发展也挑战了刑法的功能定位。传统的刑法理论倾向于把刑法的首要功能界定为犯罪的惩治。然而，随着风险理论的不断深入，刑法的首要理论正在逐渐从事后惩治向事前预防转变。尤其是在人工智能不断深入发展的背景下，这种风险预防性越发凸显。人工智能自身的状态是机遇与风险并存的，一方面，它极大地便捷了人类的生活；另一方面，它也隐藏着众多的、不可预测的风险。在这种情况下，刑法就不得不突破传统那种消极惩治的角色，而应积极参与和加入政策制定、立法完善的活动中去，从事前预防的角度积极引导人工智能活动，从而在最大限度上将人工智能刑事风险降到最低。

最后，这也是刑法过失犯罪理论和客观归责理论的理论革新的要求。一般而言，人工智能引发的刑事风险的归责困境，往往是由于相关风险发生在过失犯罪领域而导致的。但是，过失犯罪理论本身在刑法理论中就具有认定的困难性和复杂性，因为过失犯罪中犯罪构成要件具有非明确性和开放性，由此导致了多样化的学说，使其自身成为刑法理论中极具争议和复杂性的理论。对于人工智能的刑事风险问题，必须充分考量人工智能过失犯罪中的归责问题，既要探讨传统的过失犯罪理论的可能性，也要考虑传统理论无法满足需求而形成的漏洞，并通过对过失犯罪理论及其各种下位规则进行解释和补充。在这个过程中，通过对人工智能过失犯罪的解析来重新审视过失犯罪和相关理论，有助于形成对过失犯罪理论的全新解读，并且形成具有中国特色的本土化的客观归责理论。

二、文献综述

总体来看，目前国内外学者关于人工智能刑事责任的相关研究主要集中于以下几个领域：

（一）国内文献综述

目前，人工智能刑事风险相关问题的研究在国内正处于方兴未艾的阶段。从学者们所关注的问题来看，人工智能对当前刑事理论所带来的挑战主要有三个方面：一是犯罪主体的认定问题；二是危害行为的认定问题；三是刑事责任的认定问题。本书的研究主要关注刑事责任的认定问题，而这一问题的产生事实上是由人工智能背景下犯罪主体的模糊、危害行为的认定困难而引发的。所谓刑事责任，是指实施了犯罪行为的人依照刑事法律的规定应当接受惩罚和否定的法律评价的责任。而这一责任明晰的前提是，明晰的犯罪行为人以及可以归责的危害行为。作为刑事领域犯罪理论与刑罚理论的连接纽带，刑事责任的界定与犯罪主体和犯罪行为密不可分。由于人工智能引发了犯罪主体的认定困难和危害行为的认定困难问题，人工智能的刑事责任的认定和归责也必将产生困境。就目前人工智能刑事责任相关问题的研究看，本书尝试对学者们的观点和立场进行了汇总：

1. 关于赋予人工智能刑事责任主体地位的争论的研究

对于是否应当赋予人工智能刑事责任主体地位的相关问题，目前学界基本形成了两大派别：一大派别持肯定论，另一大派别则持否定论。

（1）肯定人工智能刑事责任主体地位的研究

肯定赋予人工智能刑事责任主体地位的学者的研究基本是围绕人工智能的强弱划分为基础而展开的，其基本观点是，弱人工智能无法成为刑事责任的主体，但是强人工智能可以成为刑事责任的主体。持有这一观点的代表学者是刘宪权教授。刘宪权教授在《智能机器人工具属性之法哲学思考》一文中将人工智能区分为弱人工智能与强人工智能，指出弱人工智能只具有工具属性，只能影响刑事责任的确定和分配，而无法成为刑事责任主体；但是强人工智能不具有工具属性，它可以成为刑事责任的主体。[①] 对于人工智能刑事责任主体地位的论证，持有类似观点的学者大致从正反两方面进行了论证。

所谓的正面论证，是指从正面来提出支持人工智能具有刑事主体地位的论证主张。从正面的相关论证来看，学者们主要是从以下观点出发来论证强人工智能的刑事责任主体地位的。第一，从人工智能的认知能力出发来论证其刑事责任主体地位。例如，刘宪权教授在《人工智能时代的刑事责任演变：昨天、今天、明天》一文中就明确提出，强智能机器人能够在自主意识和意志的支配下独立做出决策并实施严重危害社会的行为，应将其作为刑事责任主体，并针对其特点设立特殊的刑罚处罚方式。[②] 第二，从刑法功能的角度出发来论证人工智能的刑事责任主体地位。例如，刘宪权教授在《对强智能机器人刑事责任主体地位否定说的回应》一文中

① 参见刘宪权：《智能机器人工具属性之法哲学思考》，载《中国刑事法杂志》2020 年第 5 期，第 20 – 34 页。

② 参见刘宪权：《人工智能时代的刑事责任演变：昨天、今天、明天》，载《法学》2019 年第 1 期，第 79 – 93 页。

明确指出：将具有辨认能力和控制能力的强智能机器人作为刑事责任主体不仅有其合理性，且有利于发挥刑法的机能。[①]

所谓的反面论证，是指在反对反对者的批判过程中强化其人工智能具备刑事主体地位的主张。从反面的相关论证来看，学者们提出的比较有代表性的论证主要有以下几个方面。第一，从人工智能的发展趋势来看，人工智能的刑事责任主体地位的承担是不可避免的。例如，朱凌珂在《赋予强人工智能法律主体地位的路径与限度》一文中指出，如果强人工智能能够具有自我意识和认知能力，那么理应将其置于刑法理论中去审视其本质。[②] 第二，从人工智能与现有刑事责任主体的差别来看，既有的差别并不足以否定人工智能的刑事责任主体地位。例如，王文明、齐卫红在《论人工智能的刑事主体地位与刑法应对》一文中指出：既然既有的刑事责任理论能够容纳自然人以外的主体成为刑事责任的主体，那么与自然人相近的人工智能则更有可能能够成为刑事责任的主体。[③]

（2）否定人工智能刑事责任主体地位的相关研究

总体来看，当前否定人工智能刑事责任主体地位的学者，

---

① 参见刘宪权：《对强智能机器人刑事责任主体地位否定说的回应》，载《法学评论》2019 年第 5 期，第 113－121 页。

② 参见朱凌珂：《赋予强人工智能法律主体地位的路径与限度》，载《广东社会科学》2021 年第 5 期，第 240－253 页。

③ 参见王文明、齐卫红：《论人工智能的刑事主体地位与刑法应对》，载《河南工业大学学报（社会科学版）》2021 年第 5 期，第 52－58 页。

主要的核心观点大致包括以下几个方面：

第一，从根本上否定这一问题的意义，认为人工智能是否具有刑事责任主体地位从根本上是伪命题。例如，刘端端在《人工智能时代背景下的刑事责任主体化资格问题探析》一文中认为：在既有的刑事责任法律体系中，人类是法律建构者，而这一身份决定了人与人工智能之间的关系，这就从根本上否定了人工智能作为刑事责任主体的可能性。[①]

第二，认为人工智能在根本上无法具有类似人类的主体认识和认知。这是否定人工智能成为刑事责任主体的最为根本的观点，也是当前占据主导地位的观点。例如，叶良芳在《人工智能是适格的刑事责任主体吗?》一文中就明确提出：设计具有人类认知的人工智能，根本无法实现，无论是从认知层面，还是意识层面，抑或是情感层面，人工智能都无法与自然人主体相提并论，进而难以成为接受刑罚的主体。[②]时方在《人工智能刑事主体地位之否定》（2018）一文中同样指出：人工智能本质上是人类辅助工具而已，不具有法律上的人格属性，因此其并不具有刑法上的可规则性。[③]

① 参见刘端端：《人工智能时代背景下的刑事责任主体化资格问题探析》，载《江汉论坛》2021 年第 11 期，第 105 – 110 页。

② 参见叶良芳：《人工智能是适格的刑事责任主体吗?》，载《环球法律评论》2019 年第 4 期，第 67 – 82 页。

③ 参见时方：《人工智能刑事主体地位之否定》，载《法律科学（西北政法大学学报）》2018 年第 6 期，第 67 – 75 页。

第三，认为赋予人工智能刑事责任主体地位并不利于刑罚目的的实现。持有这一观点的学者主要担心的问题就是通过赋予人工智能以刑事责任的做法，可能会使那些真正应当承担责任的自然人或者单位逃脱刑事责任，尤其是在当前人工智能发展不成熟的情况下，这种做法更会加剧这种投机现象的发生，并产生恶劣的后果。例如，叶良芳、马路瑶在《风险社会视阈下人工智能犯罪的刑法应对》一文中就指出：如果将人工智能作为刑事责任的主体，那么作为操纵人工智能的人类或者组织就能够更加轻易地逃脱刑事责任而有恃无恐。[①]

2. 关于人工智能相关刑事责任归责路径的相关研究

值得说明的是，人工智能刑事责任的归责路径并不以人工智能必须具备刑事责任主体地位为前提。在关于人工智能刑事责任的归责路径的问题下，其探讨的是在与人工智能相关的刑事案件中，具体的刑事责任的认定问题。也就是说，这里要探讨的是，当具体的与人工智能相关的案件发生时，应当如何进行责任认定的问题。就目前的研究来看，学者们大致存在两种不同的归责路径：

第一，构建专门的人工智能刑事法律体系。由于我国目

① 参见叶良芳、马路瑶：《风险社会视阈下人工智能犯罪的刑法应对》，载《浙江学刊》2018 年第 6 期，第 65－72 页。

前刑法学的主流研究方式是刑法教义学，因此出现一个新兴的问题之后，立法论和司法论的研究成果极不对等。但是，人工智能具有较为显著的创新性特征，并不是当前的法律体系就能够应对的问题。因此，既不能离开精雕细琢的教义学构建，也不能无视立法科学的贡献。龙卫球教授针对这个问题指出：这是整个科技法体系在第三次工业革命到来之际面临的困难，其中立法需要注重的问题区分为市场层面、监管层面和政策层面。[①] 龙卫球教授是从整个法律体系的角度去思考人工智能问题的，每个部分都有刑事责任的功能发挥空间，其中市场层面和政策层面只是人工智能发挥作用的侧面，监管层面是主要的刑事责任作用领域，事后的责任归属实际上是目前人工智能刑事责任讨论最为集中的领域。聚焦到刑事法领域，更加接近教义学的，是对个罪面临的人工智能之困境，吴允锋指出：我国当前的财产犯罪规定已经不能满足人工智能时代可能面临问题解决的需要，如人工智能经济组织的规制，就是目前刑法规制无法满足的地方；同时，我国目前司法解释补充的方式并不能满足全部的人工智能规制需求。[②] 刘宪权教授是针对人工智能问题完善刑法总论的首倡

---

① 参见龙卫球：《科技法迭代视角下的人工智能立法》，载《法商研究》2020年第1期，第57－72页。

② 参见吴允锋：《人工智能时代侵财犯罪刑法适用的困境与出路》，载《法学》2018年第5期，第168－169页。

者，除了让人工智能成为刑事责任的主体外，还可以对其施加删除数据、修改程序、删除程序的刑事处罚。[①] 但是，总体而言，人工智能的刑事立法仍然是一个较为虚无的问题，缺乏实践样本，贸然谈立法必然会具有幻想的成分。

第二，以传统的刑事法律归责体系为基础，考虑人工智能这一因素，以此为基础来展开对人工智能刑事案件的归责研究。税兵副教授曾经一针见血地指出，针对人工智能的研究应当是法教义学与社科法学结合的研究方式。[②] 实际上，我国目前关于人工智能的法教义学研究或多或少地有社科法学的内容，因为人工智能或多或少地带一些政策因素，其中的利益衡量等内容，由于不具有现实的案例、成熟的伦理学原则等，因此只能通过宏观意义上的政策研究，进行具体的刑法教义学设计：

人工智能与构成要件的符合性。构成要件最初就是为了形式性地限定刑事责任的成立条件，因此人工智能刑事责任的限定，从是否符合构成要件之要求开始。王肃之法官针对人工智能主体可否构成刑事责任进行了详细的刑法教义学审查，其框架如下：

---

① 参见刘宪权：《人工智能时代的刑事责任演变：昨天、今天、明天》，载《法学》2019 年第 1 期，第 93 页。

② 参见税兵：《人工智能时代的法学技艺》，载《检察日报》2018 年 6 月 14 日，第 003 版。

①主体。人工智能既不构成拥有自由意志的自然人，又因为缺少在我国《刑法》上的对应，因而不构成法人；人工智能著作权主体地位并不能证明人工智能构成刑法上的主体。人工智能由于不具有法益的承载性，不具有处分行为能力，因此也无法成为被害人。

②对象。由于对象并不具有限定性，因此人工智能可以对法益造成侵犯。

③责任能力。人工智能现在并不具有认知能力，也不具备控制能力，主要表现在现在的技术发展水平上，人工智能接收到的信息是有限的，因而反馈的信息也是有限的。

④罪过。从故意的层面上看，人工智能不能认识并意图造成犯罪后果；从过失的层面上看，人工智能并不能承担注意义务。[①]

王肃之法官还进一步从刑事责任的角度，教义学式地解构了所谓的人工智能体，大体分为以下几个层面：其一，生物意义上人工智能体并没有办法真正在结构和其运行上与作为生物体的自然人相提并论。其二，法律意义上人工智能并不具有作为基础的意志自由。其三，在罪责能力上，人工智能更加无法与认识能力和控制能力产生关系。其四，在违法

---

① 参见王肃之：《人工智能体刑法地位的教义学反思》，载《重庆大学学报（社会科学版）》2020 年第 3 期，第 122－129 页。

性意识可能性方面，王法官分别采取了违法性意识可能性产生的外部环境，认为人工智能不可能具有相关的性格、生活、职业等要素；人工智能也无法在法律上承担注意或者预见义务，即没有义务学习、理解、应用法律；可见人工智能体不具有真正意义上的违法性意识。其五，在期待可能性上，目前人类无法对人工智能产生任何社会交往意义上的期待可能性。其六，刑罚目的针对人工智能是无效的。其七，刑罚手段本身是无效的，删除数据、修改程序不仅没有用，还会对现代的刑罚体系产生理念上的冲击；永久销毁和死刑并不能相提并论。①

实际上，大多数传统教义学针对人工智能和人工智能体命题，得到的结论基本上都一致，即在当前阶段并不承认其刑事责任主体性地位。但是，带有想象性质的强（超）人工智能时代的刑事责任问题，可能就会产生非常大的争议，然而，从幻想层面上展开并不严谨。针对这样的难题，魏东教授提供了一条“立法论 + 司法论”的思路，他首先认为应当制定专门针对人工智能的 5 种罪名，分别是设计、制造、销售、使用不符合算法安全标准的人工智能产品罪，非法设计、制造、持有、买卖、运输、使用人工智能武器罪，擅自改变

① 参见王肃之：《人工智能体“刑事责任”的教义学解构》，载《西南政法大学学报》2019 年第 1 期，第 52 – 62 页。

人工智能产品算法与用途罪，滥用人工智能罪和人工智能肇事罪，并规定在危害公共安全罪这一章，认为这是所谓的算法安全罪。此类犯罪的设定具有划时代的意义和重大的刑法价值，其目标是保护新兴的算法安全法益，值得注意的是，此类犯罪实际上既包括自然人和单位，也包括人工智能体本身。①

（二）国外文献综述

在德国，围绕人工智能刑事责任的讨论，大多还是在刑法教义学框架内展开的，拉塞·夸尔克是人工智能具有刑事责任主体地位的强力支持者，认为人工智能体应当是电子人地位，针对这一需求的产生需要从正反两方面理解：从正面上看，人工智能的自主水平日益提高，目前虽然达不到与人类的同等水平，但是其潜力也是有目共睹的，更为重要的是，人工智能已经参与社会公共生活，自然也就让法益受到侵害的可能性“合乎逻辑”地上升。从反面上看，或者说从限制的层面看，刑法教义学仍然是要从刑罚目的入手，电子人地位的确立，仍然是人们对于法治国期待应当具有的原则，应对人工智能时代可能产生之法益侵害风险，如果规范没有回

① 参见魏东：《人工智能算法安全犯罪观及其规范刑法学展开》，载《政法论丛》2020 年第 3 期，第 107－119 页。

应这一期待，那显然刑法秩序的权威和效力就会遭到动摇，在此意义上才能开始讨论人工智能的教义学问题。夸尔克教授从以下几个层面讨论了教义学上人工智能面临的问题：

第一，行为。当前对于人工智能主体行为概念承认的倾向和需求，在德国十分强烈，自然意义上的讨论是显然成立的，如假定采取因果论的行为概念，那么人工智能做出的侵犯法益的行为当然是符合构成要件之行为。问题还是出现在规范性概念上，一方面，人工智能可否具有规范意识或者规范判断；另一方面，当前法律上的代理行为或者单位犯罪行为之结构，可否套用到人工智能行为上。但德国并没有单位犯罪的概念。

第二，罪责能力。德国法学界也开始在人工智能的冲击下，反思自由意志是否为罪责能力的基础，因为自由意志一旦开始找寻现实依据，就给了可以打破假定的空间，所以在夸尔克教授看来，无论是机器是否可以学习到自由意志中的能力，还是在法律上创设一个存在瑕疵的自由意志概念，都是没有必要的。

与罪责能力相联系的，还有功能责任论意义上的人格体概念，夸尔克教授认为，电子人是一个变异的法律上的人格概念，具有可承认性。

第三，可罚性。由于刑罚本身的恶害性特征对于电子人来说几乎是无效的，只能寄希望于刑罚的否定性对于电子人的意义。[①]

德国的刑法教义学分析大体也是围绕上面的问题展开的，如在主体性方面，德国刑法教义学学者主要是以否定人工智能的主体地位为主，因为德国《基本法》对人的定义已经将人工智能排除在外。[②] 在行为方面，主要可以通过评估人工智能体可否做出有道德的行为，或者能否以康德意义上对目的之定义来界定人工智能的主体地位。[③] 在刑罚方面，主流观点则认为，因为对于各种算法的审查和认定，本质上都属于在否定了人工智能人格体之概念的基础上展开的一些思索。[④] 可见，夸尔克教授的观点较为激进、开放，但是整个德国刑法学界对于人工智能呈现出保守的态度。

与此相反，英美刑法学界似乎表现出不同的态度，最典型的例证是，行为主义的犯罪分析模式，将犯罪活动中的每一个行为进行拆分，这样就让人工智能与人类的犯罪行为在外观上产生了类比的空间。[⑤] 在意识层面，由于发展过程中

---

① 参见［德］拉塞·夸尔克：《人工智能机器人的刑事可罚性》，王德政译，载《中州学刊》2020 年第 10 期。

② Vgl. Sabine /Thomas Weigend, Intelligente Agenten und das Strafrecht, *ZStW* 126（2014）, SS. 561 – 591; Jan C. Joerden, Strafrechtliche Perspektiven der Robotik, in: Eric Hilgendorf/Jan – Philipp Günther（Hrsg.）, *Robotik und Gesetzgebung*, 1. Aufl. 2013, S. 203 ff.

③ Vgl. Monika Simmler/Nora Markwalder, Roboter in der Verantwortung? – Zur Neuauflage der Debatte um den funktionalen Schuldbegriff, *ZStW* 129（2017）, S. 45 ff.

④ Vgl. Monika Simmler/Nora Markwalder, Roboter in der Verantwortung? – Zur Neuauflage der Debatte um den funktionalen Schuldbegriff, *ZStW* 129（2017）, S. 44 f.

⑤ Judith Thomson , The Trolley Problem,（1985）94 *Yale LJ*, pp. 1395.

并没有伦理规则的限制，人工智能自动化武器实际上做出的行动，是超越人类意识范围的，完全可以被界定为“自主的”行动。[①] 除了与德国刑法教义学讨论的问题具有高度重叠性质的内容，英美刑法学界讨论的范围值得注意之处是：

第一，智能的研究。人工智能可以被拆分为“人工”和“智能”，不同于德国对于这一概念的简单研究，英美刑法学者认为，“智能”一词实际上就包含着人工智能体根据自我意识，做出最为合理之决策的行为。因此，产生的争议主要是在行为合理性上，到底是以人类的伦理原则为标准，还是以客观上的利好为标准。[②]

第二，复杂行动和刑法理论。人工智能与人类相同，其行为是一整套复杂体的合集，这促使学者开始反思，究竟如何评价出某一个行为人的犯罪行为具有行为意义，在一系列复杂活动之中，哪一个动作具有刑法意义。而这个刑法意义对于人工智能和人类来说是同样适用的。[③]

第三，单位犯罪原理和刑事责任归属。不同于德国刑法

---

① Jack Beard, Autonomous Weapons and Human Responsibilities, (2014) 45 *Georgetown J Int Law*, pp. 647 –662.

② Ugo Pagallo, What Robots Want: Autonomous Machines, Codes and New Frontiers of Legal Responsibility, in Mireille Hildebrandt and Jeanne Gaakeer (eds) *Human Law and Computer Law: Comparative Perspectives* (Springer, Dordrecht, 2013), pp. 47 –61.

③ David Vladeck, Machines Without Principals: Liability Rules and Artificial Intelligence, (2014) 89 W*ash Univ Law Rev*, pp. 117 –121.

不承认单位犯罪的概念，英美认为单位犯罪的概念是成立的，可以通过代理的基本原理完成责任的归属。英美甚至出现判例，对于单位中每一个角色的刑事责任进行了审定，其中包含了一台计算机。[①]

（三）国内外研究现状评议

国内外关于人工智能的看法既有共性，也有个性：其共性之处在于，国内外的人工智能相关研究不可避免地具有一种“幻想”的性质。但是，对于这种幻想，国内的研究倾向于保守的态度，过于激进的研究则集中在相关法律体系的创设、刑罚的创设，这种激进研究曲高和寡，很难产生共鸣。德国和英美的研究则依赖于自己的范式。德国的范式是传统的刑法教义学研究，对于人工智能是否具有人格或者主体地位的问题，至多回归到德国古典哲学传统。英美对跨学科的方法应用更加广泛，对于人工智能的理解也尊重科学家的判断，尤其是当科学家指出要让人工智能通过一种独立的行动，做出“合理”的反应时，法学家并不会评估其中的“合理”性，而是在肯定其“合理”的前提下，进行刑法应当如何应对的相关研究；德国的刑法学家更多是考察人工智能究竟在多大程度上做出这种“合理”的反应，以及在什么程度上承

---

① Chen v. Butterfield（1996）7 NZCLC 261，086（HC）at 5.

认这种“合理性”。从整体来说，国内外的研究还存在诸多不足之处或者不尽如人意之处：

第一，人工智能刑事责任的基本理论和具体场景下人工智能刑事责任的认定之间距离遥远。人工智能的刑事责任基本理论具有非常明显的想象性质，不可避免地与哲学产生关联。但是在具体适用性上，对于人工智能刑事责任的认定还是采取老方法、老手段进行认定，这样就让划分在同一个主题下的两方面研究基本没有对话的可能。

第二，人工智能刑事责任与刑事责任的基本原理沟通较少。从夸尔克教授的研究中我们可以看出，国外对于人工智能刑事责任的理解，会回归到自由意志、意识、能力等基本概念，并进一步对接到相关的哲学。然而，不同的刑事责任理论对于规范、自由、意志、认识等要素的排列及相互关系的认识，还存在不同的观点，这反而被学界忽视了。

第三，跨学科方法论的具体建立。每一个学者都主张建立跨学科的方法，但是最终都回归到了本学科的研究范式内，并将自己“封闭”起来。本书将进一步致力于跨学科方法的建立，人工智能有大量的跨学科资源没有得到运用，而且每个学科都对这个新兴领域的研究不够深入，仍处于初级阶段，而相互之间对话、借鉴、沟通的可能性更高。

三、研究方法与研究思路

（一）研究方法

对于本书的研究，笔者将着重采取以下几个方法：

第一，文献研究的方法。本书将通过文献研究的方法对刑事责任的相关概念以及理论进行周详的研究并进行详细阐述，并且对人工智能的发展、现状等相关问题进行陈述。具体而言，本书将充分利用互联网、图书馆的资源，对刑事责任和人工智能相关主题的资源尽可能穷尽地阅读，并对相关问题和资料进行梳理和整合，从而为正文的论述奠定基础。

第二，逻辑实证法。本书对于人工智能的刑事责任的研究，在充分的文献基础上，将通过逻辑实证的方法，以传统的刑事责任理论为基础，对人工智能能否作为刑事责任主体，如果能，其在什么情况下可以作为刑事责任主体，其刑事责任主体的资格如何认定等问题进行逻辑论证和推论。在本书的研究中，逻辑实证的方法将成为本书研究的核心方法。

第三，历史研究的方法。历史研究的方法事实上是以文献研究的方法为基础的，即主要立足文献、史料对刑法刑事责任理论的发展衍迁的历史和动态，以及人工智能技术在我国的发展历程进行梳理。在此基础上，从整体上把握从工业时代、信息时代以来我国刑法理论在技术发展的影响下的演变过程和状态，从中找出规律。

第四，比较研究的方法。在本书的具体研究中，还将大量选取和采用不同国家关于人工智能刑事法治的相关立法，以及相关的具体案例来进行分析和论证，尤其是在最后一章关于人工智能的刑事责任的具体认定的问题上，分门别类地对不同的人工智能具体适用场景中的刑事立法责任进行研究。

（二）研究思路

本书将采取“是什么—为什么—怎么办”的阐释学的研究思路进行研究。首先，本书将对什么是刑事责任的相关问题进行阐释，包括刑事责任的概念界定、刑事责任的理论基础、刑事责任的前提；其次，本书将对为什么人工智能具有刑事责任进行阐释，包括刑事责任应当如何归属，尤其是人工智能的刑事责任应当如何归属，人工智能中的刑事责任又应当如何排除等；最后，本书将对人工智能的刑事责任如何具体认定的问题进行论述，这部分的核心内容就是提出在人工智能领域进行刑事责任归属的具体路径。

四、研究创新之处

总体来看，本书的创新点主要有以下两点：

第一，研究的内容新。就目前来看，人工智能领域的刑事问题的相关研究正是当前刑事科学研究领域的一大热点。

学者们对人工智能的刑事风险、人工智能的刑事主体地位、人工智能的刑事责任等诸多问题展开了不同的研究，但是却没有得出统一的答案。本书的研究内容欲从一个较为中间的立场去探索答案，既不绝对支持人工智能在任何情形下都承担刑事责任，也不全然否定人工智能在刑事领域的刑事责任，而是针对不同情形进行区分，以形成人工智能刑事责任的框架体系。

第二，研究的视角新。本书的研究采取一种跨学科的融合的研究视角。本书的研究并不局限于人工智能领域，也并不局限于刑事责任领域，而是采取一种跨学科的研究路径。本书意欲探寻人工智能时代的刑事责任问题，重点关注人工智能对于传统刑事责任理论所可能产生的“量变”与“质变”，如果仅仅依靠单一的人工智能的研究方法或者刑事法律的研究方法是难以实现目的的。

第一章

人工智能刑事责任的界定

一、人工智能的概念与历史

人工智能是当下十分流行的一个概念，它从各个方面影响着人们的社会生活。出人意料的是，人工智能概念的起源可以追溯到 1936 年。在这之前的一年，在剑桥学习的阿兰·图灵接触到了大卫·希尔伯特的 23 个世纪问题中的第 10 个问题："能否通过机械化运算过程来判定整系数方程是否存在整数解?" 而解决这一问题的关键在于如何定义"机械化运算"。一年之后，图灵发表了论文《可计算数字及其在判断性问题中的应用》，提出了图灵机的概念。它模拟人脑的计算过程，将其还原为简单的机械操作。从理论上来讲，只要图灵机有足够长的纸带和充足的时间，它就能完成今天的计算机所能做的计算。

图灵机本是设计出来解决基础数学问题的，然而它同时在理论上证明了研制数字计算机的可行性。图灵在试图提升图灵机运算能力的时候发现，如果给图灵机增加更多的纸带，就能提升其运算的速度。但是这种改良并没有质的提升，只有时间的提升，不能计算的问题依然不能计算。因此，制约数字计算机的因素不在于性能速度，而在于运行中的逻辑规律。图灵开始思考机器能否具备人的智能，这个问题也可以转化为机器具有智能的标准是什么。图灵 1950 年撰写的《计算机与智能》针对“图灵测试”进行了详细解释与定义。在人与机器分隔的情况下，人通过一些装置向机器提问，经过 5 分钟的交流之后，如果人不能分辨出被提问者是否为机器的比例超过 30%，那么这台机器就可以被判定为通过了测试，具有人类的智能。①

如果说图灵奠定了人工智能概念得以实现的理论基础，那么冯·诺伊曼则解决了人工智能载体的硬件问题。1945 年，冯·诺伊曼的《关于离散变量自动电子计算机的草案》

---

① 图灵测试中对于心智的探讨也逐渐被发现。See Abramson, Darren, Turing's Responses to Two Objections, 18 (2008) *Minds and Machines*, pp. 147, 157 - 267.

由莫尔学院限量发行，标志着冯·诺伊曼结构的诞生。至今几乎所有的计算机、智能手机都是基于冯·诺伊曼结构制造和运行的。[①]

（一）人工智能的概念

按照定义对人工智能进行划分，可将其分为两个部分：一是“人工”，二是“智能”。相比于后者，前者更易于理解，在学术界基本不具有争议性；学者们通常认为，仅靠人类现有的智力和技术，难以达到人工智能的高度；然而，总体而言，正常情况下，“人工系统”本质上就属于人工智能。

“智能”究竟是什么，关于这类问题目前在学术界中讨论非常多，主要集中在三方面，一是意识，二是思维，三是自我。[②] 目前，智能的本意理解主要为人自身拥有的智能性，这种观点被学界一致认可。然而，在当前的人类社会中，由于人们对人工智能的了解程度非常有限，所以，人工智能的定义和解释也相对笼统。

基于此，学者对人工智能展开研究时，主要从人的智能着手；同样，在人工智能课题研究中，动物或者人所创造出

---

① 参见潘沁等：《冯·诺伊曼的科技哲学思想及其对人工智能研究的启示》，载《兰州学刊》2020 年第 8 期，第 14－23 页。

② See Russel & Norvig, *Artificial Intelligence: a Modern Approach*, Prentice Hall, 2002, p. 33.

的系统等均为学术研究热点话题。

从计算机领域角度而言，在该领域的不断发展中，人工智能逐渐引起了诸多专家和学者的关注与重视。为了探索人工智能，人类开始从机器人或者控制系统等角度进行研发和设计。

尼尔逊表示，所谓人工智能主要指的是一种知识性类型的学科，即采取怎样的方式才能认识这类学科，并将其运用到实际中。美国教授温斯顿表示，人工智能主要指的是，怎样借助计算机来代替和从事早期的人工工作。上述两位研究者所给出的解释和定义可准确定义人工智能学科的核心内容和理念。简而言之，人工智能是针对人类从事的智能活动进行研究，并发现这类活动的本质规律，为之建立相应的人工系统。即是针对计算机展开研究，让计算机代替人类从事某些工作和活动，便是人工智能的主要技术方式和基本理论。

从本质上来看，人工智能属于计算机学科范畴，20 世纪中后期，人工智能被认作国际三大高新尖技术的重要构成核心：一是空间技术，二是能源技术，三是人工智能。进入 21 世纪后，人工智能又成为新型三大高新尖技术的重要构成：一是基因工程，二是纳米科学，三是人工智能。在计算机与其他诸多新兴技术的快速发展中，人工智能的运用程度越加广泛，且在诸多实践领域中均取得了令人瞩目的成就。自此，人工智能逐渐形成了一套相对完善的体系和系统。[①]

从某种意义上来讲，人工智能主要是以计算机为核心，通过对计算机输入相关指令，让其拥有对人类行为和思维的模仿能力，进而帮助人类从事某种工作，正常情况下，人工智能涉及诸多领域。譬如计算机领域和心理学领域；又如语言学领域等等。[②] 根据目前人工智能的发展情况来看，人工智能涉及的领域涵盖了社会学和自然科学等诸多学科。人工智能和思维科学的关系主要有两种：一种为理论关系，另一种为实践关系。就思维学科角度而言，人工智能的思维观点较为丰富，譬如逻辑思维和形象思维等，正是由于受到这些思维观点的影响，人工智能才得以快速发展。另外，就数学角度而言，数学学科涵盖的语言和思维等也被人工智能所运用，并为推动人工智能的发展做出了巨大的贡献。

（二）人工智能的历史

1. 人工智能的历史概述

1956 年 8 月，在美国达特茅斯学院召开了为期一个月的

---

① See Dan Flak, How Artificial Intelligence is Changing Science, in Quantamagazine 2019, https://www.quantamagazine.org/how-artificial-intelligence-is-changing-science-20190311/.

② 虽然学者使用不同路径的哲学理论处理人工智能的问题，但是与人工智能结合最为紧密的还是认识论。参见肖峰：《人工智能与认识论的哲学互释：从认知分型到演进逻辑》，载《中国社会科学》2020 年第 6 期，第 49－71 页。

学术会议，汇集了当时许多著名的科学家。他们讨论了一个超前的主题：用机器来模仿人类学习以及其他方面的智能。麦卡锡提出了人工智能这个概念，确定了讨论主题内容的名称，1956 年因此成为人工智能元年。

在此之后，人工智能有了极大的进展。第一个聊天机器人 Eliza 出现，它经常让人误以为它是有意识的；1960 年，麦卡锡发明了人工智能程序设计语言 LISP，这种函数式语言在人工智能的各个研究领域都得到了广泛的应用；1965 年，第一个专家系统 DENDRAL 由美国斯坦福大学研制出来。在这个时期，人工智能研究领域形势乐观，1965 年，赫伯特 · 西蒙（Herbert Simon）甚至说：“只需 20 年，机器就能做人能做的所有工作。”

然而，1970 年以后，人工智能研究领域进入第一个寒冬期。人们逐渐发现人工智能解决实际问题的效果并不理想，因此投入的资金在减少。1973 年，数学家詹姆斯 · 莱特希尔（James Lighthill）在向英国科学院提交的一份报告中指出了这一点。他特别指出，简单的人工智能在解决多个变量的问题时存在困难，甚至可能无法解决。因此，当时的人工智能在实验室环境中表现良好，但在实际环境中收效甚微。这个时期的困难主要是计算机的计算能力有限和缺乏大量的常识数据。

1980 年以后，以卡内基梅隆大学研发的 XCON 为代表的实用专家系统打破了人工智能研究领域低迷的局面。专家系统致力于解决特定专业领域的问题，也带动人工智能研究领域进入繁荣阶段。

1987 年以后，人工智能研究领域进入第二个寒冬期。原因是硬件方面的溃败。苹果和 IBM 台式机的计算速度和功耗都超过了大型机，人们不再选择人工智能设备，因此，人们对人工智能的投入再次锐减。

人工智能在 1993 年以后开始解冻，进入稳健发展时期。人们对人工智能的前景感到乐观，其原因在于人工智能已经可以投入实际应用了。1997 年，IBM 的“深蓝”击败了国际象棋冠军卡斯帕罗夫，这是一个标志性的事件。2002 年，美国的 iRobot 公司推出了 Roomba 扫地机器人，在市场上获得了巨大成功。2006 年，杰弗里·辛顿出版了 Learning Multiple Layers of Representation，① 其关于神经网络的新架构至今仍是人工智能深度学习的核心技术。而到了 2016 年，AlphaGo 战胜了世界围棋冠军李世石。

与此同时，人工智能已经潜移默化地改变了我们的实际生活。一个显而易见的例子就是智能手机。我们睡觉前最后接触的东西可能是它，它亦是我们早上醒来第一个碰触的东

---

① See Geoffrey Hinton, Learning multiple layers of representation, 11 (2007) *Trends in Cognitive Sciences*, pp. 428, 428 – 434.

西。智能手机是强大的人工智能设备，作为通信工具，它被我们用来获取信息、交换观点、交流思想。现代社会如果没有智能手机，其信息交流效率将会大幅度下降。

我们也可以注意到，国内的大型企业，如百度、腾讯、华为、阿里巴巴、京东、美团、滴滴、摩拜等，这些与人工智能高度相关的高科技企业几乎在传播沟通、购物、物流、日常出行等方面，包办了人们的大部分生活。

2. 人工智能对法律基础的影响

（1）法律主体地位之讨论

显然，当下人工智能系统以及配备人工智能系统的设备已经在很大程度上融入了人类社会。而人工智能“独立决策”的特性，使其与传统的决定论系统相比在与人类交互的程度和交互方式上都有所不同。人类应当如何对待人工智能系统，是否应当承认具有“自主性（autonom）”的系统是社会/法律的主体是这个时代必须面对的问题。人工智能作为社会/法律主体和人工智能作为工具这两种进路显然会导向两种几乎背道而驰的法律体系，两种语境下对于人工智能系统所产生的成果、所造成的损失也会得出截然不同的法律结论。[①]现阶段欧盟坚定地否定人工智能的法律主体地位，仅仅将其

① 参见王燕玲：《人工智能时代的刑法问题与应对思路》，载《政治与法律》2019 年第 1 期。

视为工具。

欧盟法律委员会于2015年在《就机器人民事法律规则向欧盟委员会提出立法建议的报告草案》（以下简称《草案》）中指出："……原则上，（机器人造成损害的）责任与机器人的自主性相关，机器人的自主性越高，其他人的责任就应当越低；机器人的'受教育程度'越高，其训练者的责任就越大……"而后又建议"……作为可能的解决方案，可以考虑：f. 为机器人创设特别的法律地位，让高自主性的机器人可以拥有电子化人格（e－person）的地位而承担特定的权利和义务，例如对其造成的损害进行赔偿……"虽然这仅仅是草案，32段f. 的目的也仅仅在于确立一个责任主体，而不是对创设一个可以享有人格权的智慧主体的建议，但这样的建议也已经饱受批判。[①]

虽然在部分支持者看来该建议可谓是"电子化人格"的曙光，然而实际上该条并未得到认可。在《草案》中，作者近乎恐慌地指出："§2.3. ……如果机器人有一天成为有意识的生物，那么，通过不断扩张，它们将变得更强大、更快、更聪明、更完美，几乎不朽，人类在这样的情境下中注定要崩溃……因此，似乎有必要确立一项原则，任何旨在向机器

① See Ananaya Agrawal, Civil groups urge EU to amend AI law for fundamental rights protection, in Jurist 2021, https://www.jurist.org/news/2021/12/civil－groups－urge－eu－to－amend－ai－law－for－fundamental－rights－protection/.

人灌输意识或间接产生这种效果的科学研究，都将被视为对人类具有潜在危险而受到严格管制；§3.1.……在考虑机器人与民法的结合时，我们应当忽略掉让自主机器人拥有法律人格的想法，因为这样的想法既没有益处也并不恰当……《草案》似乎更倾向于完全抹去人类的存在……然而，一部纯粹的机器，一个没有意识、情感、思想或自身意志的躯体，怎么可能成为一个自主的法律行为人呢？……在10~15年内……从科学、法律甚至伦理的角度来看，机器人不可能在没有人类操纵的情况下参与到法律生活中来，而且这种情况可能会持续很长一段时间……设立法律主体地位意味着机器人的权利和义务必须得到尊重。我们怎能考虑把权利和义务赋予一台纯粹的机器呢？既然这个想法和人类道德息息相关，机器人怎么可能有责任呢？”从中我们可以看到近乎歇斯底里的恐慌和对电子化人格的断然否定。

另外，如欧盟高级别专家委员会的法律专家埃里克·希尔根多夫教授所说：“技术的变革不会导致法律的革命（Revolution），而是会导致法律的演进（Evolution）。”而法律的变化是渐进式的，只有随着技术的演进产生了现行法无法解决的问题时法律才会随之产生变化。这两个前提是毋庸置疑的。对此，欧盟委员会召集调查组对现行的《产品责任指令（Product Liability Directive）》85/374/EEC进行了评估，调查组的最新报告指出：虽然需要对包括人工智能在内的新技术所造成的影响加以关注，但《指令》基本足以继续应对目前的技术发展状况，无须大规模的法律变更。其中所有配备人工智能系统的设备被认为是“产品”而被《指令》涵盖在内。

（2）行为后果之讨论

① 人工智能系统进行的损害

如前文所述，无论是欧盟层面还是国家层面，普遍都试图通过对传统立法进行解释使其能够处理人工智能系统所导致的问题。[①]《产品责任指令》所指的产品原则上可以包括所有类型的产品。《指令》规定：当缺陷产品对受害者造成损害时，生产者承担责任。《指令》采用了无过错责任制，即被害人无须证明生产者存在过错，只须证明产品缺陷、实际损害及二者间的因果关系。生产者可以是生产商、原材料供应商、零部件制造商等生产环节的任何主体。

当自主系统被用于具体的领域时也同时为调整该领域的特殊规定所约束，主要可能包括针对机械设备的指令（EC）2006/42、针对无线电设备的指令 2014/53/EU、针对植入医疗设备（AIMDD）的指令 90/385/EEC、针对医疗设备（MDD）的指令 93/42/EEC、针对体外诊断设备（IVDMD）

① 参见龙文懋：《人工智能法律主体地位的法哲学思考》，载《法律科学（西北政法大学学报）》2018 年第 5 期，第 24 – 31 页。

的指令98/79/EC、针对车辆的指令2007/46/EG，涉及航空安全的规章（EU）2018/1139。针对人工智能设备的特点，欧洲标准化组织也正在基于《机械设备指令》和《无线电设备指令》制定“组合设备”的相关标准。

总而言之，通过法律解释，欧盟层面以及基于欧盟指令订立的各成员国本国法原则上足以适应当下的需求，但在部分领域已经发现难以适应技术发展的迹象。[①] 例如，当原材料供应商可以被认定为《产品责任指令》意义下的“生产者”时，数据供应者因数据的无形性通常只能被认定为“服务提供者”；或者当自主设备完全按其设定运作，而出现意料之外的情形时难以判定责任归属、对于生产者的预见可能性也无法准确判定；如果再考虑到包括自动驾驶汽车在内的物联网设备受到黑客攻击产生损害的情形，证明存在产品缺陷或不存在缺陷都将成为很大的难题。

②人工智能系统创造成果

相对而言，目前对人工智能系统的关注点主要集中在其造成损害时的责任归属上。对其所产出的成果归属问题讨论并不多。一方面，如果否定人工智能的法律主体地位，仅将

① See James Vincent，EU outlines wide – ranging AI regulation，but leaves the door open for police surveillance，Law enforcement will still have a wide scope to use AI for surveillance，in The Verge 2021，https：//www. theverge. com/2021/4/21/22393785/eu – ai – regulation – proposal – social – credit – ban – biometric – surveillance – exceptions.

其作为“物”，那么其衍生物归属相对明确；另一方面，现代主流的人工智能系统主要运行原理是基于概率运算，其“成果”是否具有原创性仍存有疑问。但无论如何，人工智能产物的应保护性是毋庸置疑的。[①] 特别是如今在科学研究领域，越来越多的成果需要由人工智能系统通过海量的运算、分析完成，明确其成果的应保护性具有重要意义。欧盟法律委员会于前文提到的《草案》中也建议订立计算机、机器人作品版权标准，然而到目前为止尚未见到更多立法进展。

③人工智能的管理：以自动驾驶为例

当下人工智能技术的发展和应用仍处于起步阶段，因此“真正意义上”的人工智能法无论是在欧盟还是世界各地都是凤毛麟角。从广义上说，中国部分省、市和台湾地区，英国、美国等国家和地区所推出的自动驾驶汽车路测规定可以算是为人工智能系统量身定做的“人工智能法”，但多数仍属测试规定。欧洲第一个真正意义上承认人工智能系统并普遍适用的法律是德国的新《道路交通法》第 1a 条：

A. 当配备高度自动或全自动驾驶功能的机动车辆能够满足其预定功能运行时可以被允许上路。

B. 本法所称具有高度自动或全自动驾驶功能的车辆是指

① 参见郭壬癸：《认识论视域下人工智能著作权主体适格性分析》，载《北京理工大学学报（社会科学版）》2019 年第 4 期，第 145 – 154 页。

具备下列技术设备的车辆：

a. 能够执行驾驶任务——功能被激活后能够操纵车辆纵向或横向行驶；

b. 在高度或全自动驾驶过程中，能够确保车辆的行驶符合交通规则；

c. 驾驶员能够随时手动接管车辆或停止自动驾驶功能；

d. 有必要由驾驶员接管车辆时系统能保证让驾驶员知悉；

e. 必须由驾驶员接管车辆时能够通过声学、光学、触觉等方式确保驾驶员有足够时间完成接管。

……

D. 激活车辆高度自动、全自动驾驶功能者，即使并未亲手操纵车辆也是本法意义上的驾驶员。

作为全球最重要的汽车生产国之一，德国在推进自动驾驶车辆应用方面走在了世界前列，订立了欧洲首部允许驾驶员只在必要时关注车辆状况、许可 L3 以上自动驾驶汽车在公共道路“自主”行驶的法律，具有重要意义。诚然，作为先行者，本条规定还略显简单，有很多不完善和不明确的地方。如“能满足预定的功能”，在法律解释上就存在很大争议。但毋庸置疑的是，法律不应仅仅是追逐乌龟的阿基里斯。在当今技术发展的趋势相对明确的情况下，具有前瞻性的法律有利于营造良好的产品开发环境、明确参与者的原理义务、减少开发者的法律风险，有助于构建合理的归责体系。所谓法律的滞后性只应是一种无奈的选择，而不是法律人的荣耀，在这一点上德国做出了良好的表率。

（3）人工智能的伦理原则

自启蒙时代以来，人本主义思想一直是欧洲伦理体系的核心。[①] 人们认为，人是独一无二的——人类整体是独一无二的，只有人类才具有“真正的智能”；而每一个人作为个体也是独一无二的，人拥有自由意志、拥有人格尊严。但人工智能的出现显然强烈地冲击了这两个根本预设。人们被迫反思，人到底是不是“智能”的，这种智能是不是真正自由的，是不是真的是独一无二的。如同前文中《欧洲机器人相关民事法律规则》所说：“我们怎能考虑把权利和义务赋予一台纯粹的机器呢?”但如果这并不是一台“纯粹的机器呢”? 如果这台机器可以“学习”、可以“思考”、可以“决策”，甚至多数决策比人类的决策要快速、要理性，那我们又凭什么说它“只是一台纯粹的机器呢?”

人们是否可以考虑不将机器作为纯粹的机器呢? 如果“赋予”或者说是“承认”人工智能系统的权利，那么它们应当享有哪些权利呢? 生命权? 与人的平等? 人格尊严? 机

① 参见韩敏、赵海明：《智能时代身体主体性的颠覆与重构——兼论人类与人工智能的主体间性》，载《西南民族大学学报（人文社科版）》2020 年第 5 期，第 56 – 63 页。

器是否有权拒绝人的命令？是否能够参加选举？是否应当获取劳动报酬？对此当然存在广泛的争议，但较为普遍的看法是，不应当承认至少当前水平的人工智能系统享有这些权利。

《规则》中指出："这样做的风险不仅在于将权利和义务赋予仅仅是一种工具的东西，而且在于打破了人与机器之间的界限，模糊了活人与无生命者、人与非人之间的界线。此外，创造一种新型的人——电子化人格——由此发出了一个强烈的信号，它不仅会重新激起人们对人造生命的恐惧，还会对欧洲的人文主义基础提出质疑。因此，将人的地位赋予一个没有生命、没有意识的实体将是一个错误，因为人类最终可能会被降至机器的级别。机器人应该为人类服务，不应该有其他角色，除了在科幻小说领域。"

相对于《规则》中的宣言，欧盟的高级专家委员会做了相对详细的论述。他们认为虽然"自主系统"一词被广泛使用，但从哲学上讲"自主"意味着一种"自治"、自己思考、自己为自己制定目标、规范的能力。因此，"自主"实际上是自我意识的体现、人格尊严的重要组成部分，是人类道德性的表现，而这些至少现阶段的自主设备都不具备。所以专家委员会认为，不论是多么复杂的系统，在伦理上都不能被称为“自主的”。[①]

很难说这个基于人类道德性的论证是否属于循环论证，但委员会在应然层面上得出的结论无疑是可以被接受的：他们认为人类应该能够确定哪些价值是由技术服务的，哪些是与道德相关的，以及哪些最终的目标和善的概念是值得追求的。这不能留给机器，不管这个机器有多么强大——即所谓的有意义的人类控制（Meaningful Human Control，MHC）原则：人类——而不是算法——应该保持最终的控制，从而对道德负责。[②]

基于类似的想法，学者们提出了各种指导人工智能技术发展的伦理原则，如著名的“阿西洛马尔 23 条人工智能基本原则”，[③] 现列举如下。

针对科研问题：

1. 研究目标：创造有益而非不受控制的 AI。
2. 研究资金：资助如何有益利用 AI 的研究，包括计算机科学、经济、法律、伦理、社会研究等。

---

① 参见冯洁：《人工智能体法律主体地位的法理反思》，载《东方法学》2019 年第 4 期，第 43 – 54 页。

② 参见彭文华：《自由意志、道德代理与智能代理——兼论人工智能犯罪主体资格之生成》，载《法学》2019 年第 10 期，第 18 – 33 页。

③ 翻译部分参考了高奇琦：《全球善智与全球合智：人工智能全球治理的未来》，载《世界经济与政治》2019 年第 7 期，第 24 – 48 页。

3. 科学—政策连接：建设性的对话交流。
4. 研究文化：合作、信任、透明。
5. 避免竞赛：在安全标准上积极合作。

针对伦理价值：

6. 安全：安全可靠性及可验证。
7. 失灵透明性：AI 系统造成的损害具有可追溯性。
8. 责任：对高级 AI 系统的道德影响负责。
9. 司法透明性：司法决策中使用 AI 系统应提供解释和救济。
10. 价值对接：AI 系统的目标和行为符合人类价值。
11. 人类价值：AI 系统必须兼容人类尊严、权利、自由、文化多样性。
12. 个人隐私：访问、管理、控制个人数据。
13. 自由和隐私：将 AI 用于个人数据必须不能剥夺人们实际的或者可感知的自由。
14. 利益共享：尽可能赋能，惠及更多人。
15. 繁荣共享：AI 带来的经济繁荣应惠及全人类。
16. 人类控制：人类应当决定如何以及是否将决策外包给 AI 系统。
17. 非颠覆性：通过控制 AI 系统获得的权力必须尊重、改善人类社会的社会和民事程序。
18. AI 军备竞赛：应当被禁止。

针对长期问题：

19. 能力警觉：对于未来 AI 能力的上限未达成共识。
20. 重要性：以适当的注意和资源计划、管理将对人类社会和地球产生重大影响的 AI 系统。
21. 奉献：适当预防潜在的毁灭或者生存危机。
22. 循环的自我提高：具有此能力的 AI 系统必须具有充分的安全和控制措施。
23. 共同利益：开发超级 AI 必须服务于全人类的利益。[①]

欧盟的专家委员会将其伦理原则归纳为以下几个方面：[②]

1. 人格尊严原则。人格尊严绝不能被“自主”技术所侵犯。算法和“自主”系统对人进行的决定和分类必须受到限制。
2. 自治原则。人类必须能够了解并控制“自主”系统，人类必须能够制定自己的标准和规范并能够按照这些标准和规范自由生活。

---

① 《阿西洛马人工智能原则》，载 futureoflife：https：//futureoflife. org/ai – principles – chinese/，最后访问时间：2021 年 12 月 10 日。参见腾讯研究院等：《人工智能：国家人工智能战略行动抓手》，中国人民大学出版社 2017 年版，第 304 – 305 页。

② See European Commission，Ethics Guidelines for Trustworthy AI，in Official EU Website 2019，https：//digital – strategy. ec. europa. eu/en/library/ethics – guidelines – trustworthy – ai.

3. 责任原则。人工智能的研究和应用应以有利于全球社会和环境的方式进行，其设计应当符合人类根本的利益，不应造成危害人类的危险；人工智能的发展和应用应当致力于创造机会、使人获得知识、保护人的基本权利，而不应损害这些基本权利和基本价值。
4. 正义、公平和团结原则。人工智能的应用应当减少偏见，助益于全球正义、平等的发展；应当有利于利益的公平分配，有利于创造更加公平的分配模式。
5. 民主原则。人工智能开发和应用过程中的关键决策应当由民主的方式做出。应当增加透明度，便于每个人理解决策面对的风险和机会；保证价值的多元化、多样性，保证信息的传递和接收，不应干扰言论自由和决策自由。
6. 法治原则。制定合理的司法、裁判框架，明确人工智能相关的标准和规定；明确高效、公平的纠纷解决机制；明确责任和损害赔偿。
7. 安全原则。人工智能系统应当能保证：外部环境和用户安全；可靠性和鲁棒性；人机交互的情感安全。AI 开发者必须考虑到所有的安全维度，并在发布前进行严格的测试，以确保“自主”系统不会侵犯人的身心健康。
8. 隐私原则。系统数据的收集必须符合数据保护法规，不得未经同意收集或传播数据。“自治”不得干涉公民的私人生活，确保公民不受监视，未经允许不被分类、不被测量、不被分析。

9. 持续原则。人工智能技术的发展必须以保证地球上生命存续为基本前提，确保人类继续繁荣并为子孙后代保存良好的环境。避免技术对人类生活产生有害的影响、保护环境和可持续性发展。

不同的国家地区、不同学者也提出了各自针对人工智能的伦理原则倡议，如腾讯研究院提出的《人工智能（AI）发展六大原则》：[①]

1. 自由原则

（1）人工智能研发与应用应符合人的尊严，保障人的权利与自由。（2）人工智能的发展应加强隐私保护，加强个人对数据的控制，防止数据滥用。

2. 正义原则

（3）确保算法决策的透明性，确保算法设定公平、合理、无歧视。（4）人工智能决策可能影响个人权益，

① 腾讯研究院：《人工智能（AI）发展六大原则》，载搜狐网，https：//www. sohu. com/a/133562158_ 455313，最后访问时间：2021 年 12 月 10 日。

应该提供救济途径。（5）推动人工智能的效益在世界范围内公平分配，缩小数字鸿沟。

3. 福祉原则

（6）人工智能的发展应以促进人类福祉为目的，推动经济社会可持续发展。（7）和平利用人工智能及相关技术，避免致命性人工智能武器的军备竞赛。（8）人工智能的发展应促进数字经济发展，积极应对人工智能带来的就业影响。（9）应不断完善教育体系，培养与人工智能时代相适应的人才。

4. 伦理原则

（10）将伦理设计嵌入系统，使其成为有道德的机器，保证伦理规范的多样性和包容性。（11）保证人工智能系统遵守人类社会伦理规范。（12）不断检验伦理设计是否与现实人类规范相符合。

5. 安全原则

（13）人工智能研发、设计及应用应保障人身安全、财产安全及网络信息安全。（14）个人数据的收集与使用应符合规范与法律制度，保障数据安全。（15）针对人工智能的风险，需要有针对性的准备措施及预案。（16）不断加强民众的人工智能的教育，提高安全等相关意识。

6. 责任原则

(17) 立法与司法应明晰人工智能责任相关立法与规则，不断完善人工智能相关标准，确保人工智能研发及应用的可追责性。(18) 积极探索人工智能应用领域的监管机制及监管制度，保障安全，促进发展。(19) 加强人工智能研究的国际合作，共同探讨并应对人工智能带来的挑战。①

由于技术发展还处于上升期，原则性的规定大同小异，但是，在不同的学科内部，这些伦理原则能够起到多大的作用，还需要进一步结合具体学科的功能需求展开探讨。

二、刑事责任的概念与历史

刑事法领域是所有法学学科中探讨道德、伦理等内容最多的领域。皮勇的研究指出，人工智能不应成为犯罪主体或者刑事责任主体。由于人工智能能替代部分人类智慧活动，其刑法地位有别于其他技术应用，从而引起新的刑法问题。人工智能犯罪是与人工智能系统研发、提供、应用和管理相关的犯罪，刑法应当对其进行全过程、全面惩治，不仅应惩

---

① 腾讯研究院：《人工智能六大原则发布：腾讯研究院院长司晓表示 AI 要规则先行》，载搜狐网，http://www.sohu.com/a/133801301_115035，最后访问日期：2021 年 12 月 10 日。

治侵害人工智能系统安全犯罪和智能化的传统犯罪，还应惩治利用人工智能侵犯个人信息的犯罪、独立的外围人工智能犯罪和违反人工智能安全管理义务的犯罪。法律应跟随智能社会的发展与时俱进，人工智能的发展应用应坚持以法律为边界，避免偏离有益于人类社会发展进步的方向。① 可以说，这是对于人工智能时代刑事法治的基本想象和宏观把握。

刘宪权、林雨佳解构了人工智能时代的技术风险，从类型学的角度来看，人工智能技术应用过程中的风险是人工智能技术的“内在风险”，包括冲击现有的秩序与制度，侵犯公民个人信息与隐私等。人工智能产品风险是人工智能技术的“外在风险”，其可能对人类社会造成威胁甚至实际的危害。人工智能技术风险不同于克隆人技术风险，因为人工智能技术对人类传统的伦理道德并未造成实际的背离，且是被鼓励和支持发展的技术，其发展趋势具有不可预测性，其对人类社会生活的影响是“渗透式”的。面对人工智能时代的技术风险，应追究人工智能缺陷产品研发者的刑事责任，包括故意和过失。应追究利用人工智能技术实施犯罪行为的刑事责任，同时，在刑法中确立智能机器人的刑事责任主体地位，增设删减数据、修改程序、永久销毁等刑罚种类。② 可

---

① 皮勇：《人工智能刑事法治的基本问题》，载《比较法研究》2018 年第 5 期。

② 刘宪权、林雨佳：《人工智能时代技术风险的刑法应对》，载《华东政法大学学报》2018 年第 5 期。

见，刘宪权和林雨佳提出了一个可落地的方案，可谓从整体想象变得“接地气”了起来。

刘宪权作为我国刑事法研究人工智能的领军人物，基于人工智能为人类服务的本质设计了如下伦理基本原则：

第一，承认机器人的限制性主体地位；

第二，（功利性地）承认机器人权利，从而更好地为人类服务；

第三，刑法既应当规制机器人的行为，也应当保护机器人的权益。①

法学界也从技术角度探索人工智能规制的所在，郑戈结合近来的人工智能大事件，总结出算法的法律和法律的算法两条线索。关于前者，应当创设新的法律人格，法律应当采取矫正正义模式，建立专门机构和法案进行风险控制的模式创设，应当学习欧盟以保护权利为先建构预防模式，将人类社会的道德准则嵌入算法规则之中，但依然面临算法黑箱的问题，应当加强法律人和技术人员的合作实现法律进入算法。关于后者，应当在规范性概念、常识性概念符号化、数学化的基础上加以编译，建立法律算法化的前提，寻求法律算法应用的场景，如基于法律目的的预测和法律职业内部的角色

① 刘宪权：《人工智能时代机器人行为道德伦理与刑法规制》，载《比较法研究》2018 年第 4 期。

分工，这在美国已经实现了基于概率论的法律算法职业，用于电子取证、诉讼管理、合同起草和合同审核。[1] 因此，刑法学者普遍同意，应当回归到底层概念、基本概念，但是吊诡的是，很少有学者对人工智能的研究专门涉及刑事责任的概念。为了完成这个任务，本部分将从刑事责任开始，梳理可能讨论到的人工智能问题。

（一）刑事责任的概念

从近代刑事责任理论角度而言，刑事责任思想主要建立在西方资产阶级早期制定的刑法理论的基础上。目前，刑法理论中主要遵循的原则为“责任主义”，即“没有责任就没有刑罚”。正常情况下，责任主义涵盖的内容主要有两个层次：其一，以归责为核心的责任主义，换言之，没有犯罪就不会出现刑罚。从实践角度而言，主要指的是行为人受到心理上的主观思维影响做出的一系列行为，譬如主观行为和谴责行为等；这种行为在某种程度上可以满足犯罪行为的核心构成要件。其二，以量刑为核心的责任主义。这主要指的是，在判定行为人承担的刑事法律后果时，需要对诸多因素进行综合考量与评价。[2] 换言之，判定行为人应当承担的刑事处

① 郑戈：《算法的法律与法律的算法》，载《中国法律评论》2018 年第 2 期。

② 参见陈璇：《责任原则、预防政策与违法性认识》，载《清华法学》2018 年第 5 期，第 89 – 111 页。

罚不能高于或者超出根据其责任应当承担的刑罚。在这种责任主义中，量刑标准主要围绕着行为人的归责情况来进行，譬如对行为人应当承担的责任作出评价，又如对其犯罪因素做出评价等；日本著名学者大塚仁表示，针对违法性行为进行评价时，主要围绕两方面来进行，一是责任判断，二是违法判断。

关于责任的含义研究，德国学界表示，按照概念对责任进行划分，可将其分为三种类型，一是责任原则，二是满足刑罚标准的相关责任，三是量刑责任。其中，责任原则主要指的是，行为人在做出某些行为后需要承担的责任，而法律会对这种责任进行评价，由此制定出与之相符的刑罚。满足刑罚标准的相关责任主要指的是，根据行为谴责可能性对否定要件展开评价。量刑责任主要指的是，针对量刑涉及的各项因素进行综合考虑后，对行为人需要承担的法律责任和法律后果等进行评价。

关于刑事责任，目前在英国和美国等诸多发达国家的刑法理论中并未进行深入的研究与探索。英美学者主要将重点放在刑事责任有关的构成要素上。另外，根据英美等国学术界现有的刑法文献内容可知，学界的研究主要集中在两个方面：一是刑事责任，二是刑事责任的基本原则。从内容角度而言，内容研究主要围绕着犯罪构成要件来进行。以大陆法系角度而言，关于“刑事责任”的词语较少，但是“责任”

二字涉及较广。部分学者表示，法系中提到的“责任”二字本意与“刑事责任”有一定的相似之处。譬如，佐佐木养表示：责任主要指的是行为人如若做出某些行为后，触犯了法律构成要件，那么其需要承担社会谴责等，这属于一种无价值类型的判断。刑事责任主要指的是行为人所做出的行为满足法律构成要件而采取一种无价值判断的社会谴责。佐伯千仞表示：“责任”的含义较多，在实践中，虽然责任所处的运用场景不同，其含义也不同，但是在本质上“责任”主要的用途是为了“追究责任”或者“承担责任”。就刑法学角度而言，责任虽然拥有“责任谴责”这种合理的解释与定义，但是其在谴责之前需要以主观角度来对行为人的行为进行判断。譬如，责任必须由两方面相加，一是责任能力，二是故意或过失。德国学者威尔采尔提出的责任主义刑法理论在德国法系界极具代表性。其针对责任进行研究时，主要围绕着刑事责任本质、功能及规则等角度进行。其表示，责任主要有两种含义：一是广义含义。从广义角度而言，刑事责任主要是指涉及行为意志的各项行为具备的可谴责性。二是狭义含义，从狭义角度而言，刑事责任主要指的是承担责任和谴责。综上所述，笔者认为，广义角度上刑事责任代表的是对心理状态或者危害行为进行分析后，明确责任能力与责任范畴；狭义上的刑事责任则是对犯罪行为进行有效的刑法惩罚。

关于刑事责任有关的内容研究，虽然在国内学术研究的时间较短，但是诸多研究者对这一话题进行研究时，争议性较大，且不同研究者选取的研究视角不同，得到的研究成果也不尽相同[①]，具体如下所述：

1. 法律后果说

倡导法律后果说的学者认为，刑事责任主要指的是，行为人所做出的行为触犯了法律法规后需要承担的相应法律后果；譬如，《中国大百科全书·法学》中明确提出，“刑事责任”主要指犯罪主体在开展违法犯罪活动后，在法律上需要承担的相关后果。部分学者表示，刑事责任主要是指以法律为核心，行为人如若触犯了法律对于自由或者生命等提出的各项要求，那么就需要承担一定的法律责任，履行法律义务，承担法律后果。

2. 法律义务说

倡导法律义务说的学者一致表示，刑事责任主要是指法律上行为人应当承担的法律义务或者惩罚义务等。譬如，“犯罪人在从事某些犯罪活动时触犯了国家制定的刑事法律规范，这种情况下，犯罪人必须承担相应的刑事处罚”。“因为犯罪分子做出的行为违反了刑事法律规范，所以需要承担

① 我国学者总结出十余种刑事责任的概念，参见冯军：《刑事责任论》，社会科学文献出版社2017年版，第16－32页。

一定的刑事责任”。

3. 否定评价说

倡导否定评价说的学者一致表示，刑事责任主要是国家立法部门对犯罪行为或者犯罪人制定的一种否定评价或者谴责。譬如，“按照国家立法机构制定的刑事法律法规来对犯罪人做出的一系列犯罪行为进行否定，并从道德和政治等角度对这种行为进行评价。”著名学者张明楷表示，刑事责任主要指的是，行为人做出的某些行为已经满足了犯罪行为的定罪标准，经国家司法部门评审后，对这种行为进行否定，并追究行为人应当承担的责任和履行的法定义务。

4. 法律关系说

倡导法律关系说的学者一致表示，刑事责任是法律关系的一种总称。譬如，“刑事责任能够准确界定犯罪人需要承担的法律责任，属于一种有效的刑事法律关系，是刑事诉讼和劳动改造等诸多法律条例的总称。”

5. 法律责任说

倡导法律责任说的学者一致表示，刑事责任具备一定的特殊性，属于法律责任范畴。譬如，著名研究者马克昌表示，刑事责任本质上是指行为人在触犯国家法律后，经国家审判机关进行审判和评价后给出的一种审判意见，即刑事处罚，通过刑事处罚能看出法律对这种行为的认定状态为否定。

6. 刑事负担说

倡导刑事负担说的学者一致表示，刑事责任主要是指，国家对犯罪人做出的一系列犯罪行为进行强制性惩罚，并让犯罪人承担一定的刑事负担。譬如，“承担刑事责任的相关行为人在做出违法犯罪行为之后，需要承担这类行为引发的一系列法律后果和刑法惩罚。”

综上所述，关于刑事责任，国内研究者在研究环节所选取的研究视角不同，因而得到的研究结论和解释定义等也有所不同。哈夫特是德国历史上著名的刑法学家，其表示，如若将责任问题归纳到刑法问题中，就必须了解和熟知责任概念。然而，目前学术界对此概念的了解较少。围绕着法律来对责任进行解释和定义，是否能准确地把握责任的概念。显然，这种概念在实践中，并未得到有效运用。著名学者何秉松表示，在对刑事责任有关的概念进行解释和定义时，如若仅以法律的角度作为出发点，显然，这种解释并不全面。从本质上来说，刑事责任主要源于犯罪，是刑事诉讼的核心与基础，会与刑事诉讼活动的全流程进行融入。基于此，刑事诉讼活动进展情况不同，则刑事责任给出的解释也不尽相同。[①] 另外，何秉松还表示，想要对刑事责任进行解释和定

---

① 参见何秉松：《犯罪理论体系研究导论》，载《政法论坛》2004 年第 6 期，第 11 页。

义，就需要从两方面来着手：一是行为人。从行为人角度来看，刑事责任主要指的是，由于行为人所做出的各类行为触犯了现行法律法规，所以需要承担相应的法律责任和刑事后果。二是国家。从国家角度来看，刑事责任主要指的是，国家为制止或者约束犯罪行为和犯罪活动出现，所制定出的一种有效的法律制度和法律规定，在法律范围内，一旦行为人做出的行为越过法律界限，则需要承担法律后果，受到法律谴责。

著名学者陈浩然给出的解释为：刑事责任属于一种动态性的概念，所处环境不同，情况不同，则拥有的解释和定义等也不尽相同。如若围绕刑法惩罚来对刑事责任进行解释与定义，则刑事责任是指行为人做出的行为触犯了现行刑事法律，按照法律规定和法律要求，行为人需要为这种行为承担法律惩罚和相关义务。① 如若围绕国家制定刑罚的初衷来对刑事责任进行解释和定义，则刑事责任主要是指，国家利用刑事惩罚的方式来对行为人做出的一系列犯罪行为进行的否定评价和谴责。如若围绕刑罚权来对刑事责任进行解释和定义，则刑事责任是指，解决犯罪人和国家两者呈现出的刑事法律关系问题。所以，从刑罚角度对“刑事责任”进行解释

---

① 参见陈浩然：《单位犯罪与三罚原则》，载《复旦学报（社会科学版）》2001年第2期，第20-26页。

和定义，其主要指的是行为人做出的某些行为触犯了法律规定，且违背了法律要求行为人履行的义务和责任后，行为人应当承担的相关法律后果。本书认为，这种定义不但阐明了刑事责任拥有的义务性，而且更体现出刑事责任拥有的权利性，能够作为国家对犯罪人犯下的一切罪过行为进行评价与谴责的重要基础。

（二）刑事责任的发展历程

从本质上而言，刑事责任主要的目的是阐明刑事责任拥有的合理性与科学性。刑法领域的研究者在研究时所选取的研究视角不同，而得到的研究成果也有所差异。其中，在刑法责任上所处对立面的理论主义有两种：一是形式古典主义，二是形式实证主义。关于两种主义的发展情况，具体如下：

1. 结果责任论

结果责任论属于责任观念的范畴，是一种出现时间最早的责任观念，侧重点往往会放在行为所产生的不良危害结果上。在对行为人追究刑事责任时，无须建立在行为人意见或者行为谴责上。譬如，某个人将一把锋利的匕首挂在墙面上，而另一个人从这个地方经过，不小心将匕首碰掉，匕首掉落过程中对这个人造成了伤害。面对这种问题，在追究责任时，主要的责任主体在于将匕首挂在墙面上的人。究其根源在于，其将匕首挂在墙面上才出现了匕首伤人的情况。在社会发展早期，尤其是在 17 世纪，这种以“绝对责任”作为主观过错的判定方式运用得非常普遍。早期，在对犯罪人应当承担的责任进行衡量时，主要按照其做出的行为和行为导致的后果来进行，无须考虑其他因素。譬如，行为现象或犯罪认知等。基于此，刑事责任在这种时代中常被称为“结果责任时代”。

从某种意义上来说，结果责任拥有的变化形式还有两种类型：其一，团体责任。即团体中的某些成员作出的行为触犯了法律，整个团队都需要为之承担相应的刑事责任；著名学者李悝撰写的《法经》一书中明确提出，一人犯罪株连九族。此观点即是团体责任最早的雏形。其二，物体责任。即动植物或者自然现象等需要承担相应的刑事责任。譬如，以古代日本而言，一位帝王外出去往法胜寺时，突然遇到狂风大雨，帝王一怒之下，命令手下“囚雨”；再如，西欧封建时期，日耳曼法明确表示，即便犯罪人已死亡，在追诉其应承担的责任时，仍需要将其抬上法庭；又如，清朝初期，明朝的崇祯皇帝上吊自杀的树，被认定为“罪槐”等。

我国古代封建社会时期，针对故意和过失两者进行了明确的法律规定，主要目的是为了对两者进行有效区分。其中，故意罪处罚相对重，而过失罪则处罚相对较轻。[①] 譬如，《唐律·斗讼律》中明确提出：面对过失杀人的犯罪人，需要根据案件的情况进行赎论等。从这一点上便能看出，封建社会对过失的定义主要是：在主观犯罪上，犯罪人并未对他人产生严重的损害，而实际中却出现了意外事件。基于此，从本质上来讲，归罪现象在客观事实上依然存在，而这种归罪责任则被认定为属于客观责任。

在结果责任中，结果责任并非指的是某些事物出现结果后，从事这类事物的人需要对事物后果承担责任。而是某些结果即便不是某些人所创造的，但是，一旦出现结果后，也需要让其承担结果责任。[②] 利用这种方式来防止结果对社会秩序带来影响。《名公书判清明集（下)》一书中对于明代的某个判决案件进行了详细记录：儿子在朝廷上状告自己的父亲，理由为自己的妻子被父亲强奸。而法官在听到这种状告理由后，并未对状告事实进行调查，就令衙门守卫重打儿子100杖，并对其妻子重打60杖。官员采取这种方式是为了解决三者出现的矛盾和冲突。在判决下发后，给出的理由为：父亲虽然犯下了过错，但是作为子女不能不孝顺自己的父亲。

① 参见邹兵建：《“明知”未必是“故犯” 论刑法“明知”的罪过形式》，载《中外法学》2015年第5期，第1349－1375页。

② 结果的归属其实不仅在责任理论层面进行探讨，还会上升到构成要件层面。参见马春晓：《危险现实化与结果归属》，载《国家检察官学院学报》2020年第6期，第86－100页。

即便是出现了这种事情，儿子将妻子逐出家门即可，为何要将这类丑事外扬。由此可知，封建社会在处理这类事件时，结果的真实性不能作为判定依据，而作为判定依据的理由为“道德乱伦”。

结果责任论之所以出现，是因为受到诸多因素带来的影响，但是，最为核心的因素在于，早期社会中人类愚昧的思想和无知，进而将自己视为物体来对待；人类对于自身的力量并未充分认知，所以，受到人类思想中潜在的“魔法”影响，即便是行为产生了非常严重的后果，人类判定责任的依据是寻求神明裁判；根据《汉穆拉比法典》中记载的内容：如若有人在丈夫面前状告其妻子红杏出墙，则妻子需要以跳河的方式来验证自己的清白。如若没有被河水淹死，则妻子为清白，反之则为有罪。发展至18世纪中期，魔法统治随着时代发展逐渐退出历史舞台，这种情况下，结果责任论也随之消失。

现如今，在现代化的社会背景下，尤其是涉及与政治有关的领域，为了规避公共危险事件的出现对政府政权带来不利影响，政府会借助结果责任的方式来约束公众行为。[①] 譬如，让处在某些事件中的人成为犯罪分子的替罪羊。这一点和古装电影中的某些情节相似，深受皇帝宠爱的嫔妃出现难

① 参见李志恒：《集体法益的刑法保护原理及其实践展开》，载《法制与社会发展》2021年第6期，第111－132页。

以救治的疾病后，皇帝命令御医，如若不能医治好嫔妃的疾病，那么就让御医为嫔妃陪葬。所以，皇帝明确自己想要的结果后，御医就需要想尽一切办法来实现，否则就必须为嫔妃陪葬。由此可见，御医的生和死完全由皇帝来决定。在人类文明的快速进步和发展中，结果责任论逐渐消退。

2. 道义责任论

道义责任论最早出现在18世纪，其主要是建立在形式古典学派倡导的自由意志论的基础之上。所谓道义责任论主要指的是：以违法行为为核心，以谴责性为基础，对刑事责任拥有的本质意义进行探索和研究。道义责任论明确表示：行为人出现了反道德或者是反伦理的行为，且主观上出现了违法行为或违法意识，并满足刑法谴责的相关要求，那么在法律上，行为人就必须承担相应的责任和后果，这即为刑事责任的最佳解释。道义责任论非常重视人在意志上的自由性，犯罪人以自由意志为基础做出的各类犯罪行为，在道义理性评价上，会为这种行为给予否定意见；如若行为人无视理性要求，并做出了严重的违法行为，就必须承担来自道义的谴责和评价。日本学者小野清一郎表示，道义责任主要指的是行为人在做出某些违法行为前，明知不可为而为之，但毅然决然地做出这种行为决定，便会受到道义谴责和道义对行为作出的否定评价。基于此，道义责任的核心在于“道义”二字。

将行为人拥有的主观心理和刑事责任两者进行相联系的观念，其诞生主要受到诸多因素带来的影响。

其中，各类影响因素中，影响程度最大的是此概念在早期的刑法中就已经存在，并且是古老刑法文化的重要组成部分。在人类社会的早期发展中，依据结果责任论对刑罚结论进行判定时，故意与过失两者一般不是必须考虑的因素，但是在某种情况下也是需要考虑的重要因素。从欧洲国家角度来看，此观念最早出现在古罗马时期，是十二铜表法的核心构成。古罗马人在阐明责任有关的问题时，会用一个“恶意”，即“dolus”来进行解释与定义，这也是“故意”的概念。发展至 16 世纪初期，意大利著名研究者对这种概念进行研究后，对其表示极度的认可。另外，这些研究者在对“故意”概念进行研究时，还融入了“过失”概念。

另外，在工业革命结束之后，随着自然科学的不断发展，祛魅化相继诞生。早在 18 世纪初，自然科学和工业革命两者有着非常紧密的联系。从本质上而言，自然科学运动属于祛魅化类型的运动，目的在于证实社会中出现的虚无魔力定义，并认为各类事物的出现和产生均有着一定的因果关系，而人类可以对这种关系进行控制和进一步了解。祛魅化运动的快速发展为人类的解放做出了巨大贡献。自此，人类拥有了自由观念、尊严观念以及责任观念。早期人类社会的发展中，启蒙思想家曾针对封建刑法展现出的残酷性进行了严格的批判，并围绕着人道主义精神来对犯罪现象进行主观解释和客观解释。[①]

然而，道理责任论主要是在早期人类制定的刑法中诞生，并受到来自实证主义哲学带来的深远影响。发展至 19 世纪中后期，实证主义哲学成为科学思考领域的“引导者”，倡导实证主义哲学的研究者认为，思考任何事情时，均需要建立在“实证”的基础上。换言之，以科学的方式来对真实的事件进行描述。针对某项回答或者解决某些事物出现的问题时，如若不能依靠经验判断，则这类问题便属于“虚假问题”，即实证主义哲学认为凡事均需要以科学的角度来证明。另外，持这一观点的研究者表示，在自然科学中无论是方法论还是世界观等均是哲学的基础与核心。

受到实证主义哲学带来的影响，著名学者李斯特等人在围绕刑法责任问题解答时，便以自然角度作为出发点来进行分析与探讨。在古典犯罪论体系中，李斯特等人倡导犯罪应当由两方面所构成：一是外部方面，即“不法”；二是内部方面，即“责任”。内部方面所涉及的各类因素均为“责任”。然而，按照当时研究者给出的解释与定义，这类因素主要集中在两点：一是过失，二是故意。出现这种解释的主要原因在于，虽然两者有着明显的主观性，但是能够体现出心

① 参见刘清平：《道德责任的根据不在理性而在自由意志——回应田昶奇》，载《四川师范大学学报（社会科学版）》2021 年第 6 期，第 100 – 108 页。

理事实，且这种事实能够得到科学验证。李斯特在1881年撰写的刑法教科书中写道，为了进一步提升法治国家的服务质量和服务效率，必须为之设计构建一套完善的封闭体系，且让该体系能够准确判断和分辨出过失与故意两者的关系。

在刑法史的发展中，道义责任论为之做出的贡献不容小觑。同时，道义责任论还为现代责任原则提供了重要的依据，它将人的心理和刑法两者进行紧密相连，一方面，让人们不用负责客观行为产生一系列后果，规避人的物化现象出现；另一方面，则让人在法律中有了更多的尊严。

然而，道义责任论本质上还有着一定的缺陷和不足，就是其并没有完全解决刑法中遇到的责任问题。另外，其在方法论中也有着一定的问题，即往往将事实本身作为侧重点，忽略了事实评价的重要性。就其在责任问题解决上出现的缺陷而言，根据道义责任论从主观内容中找到责任要素时，并未指出为何要采取这种方式和采取这种方式的优势在于哪里？如若将其运用在现实社会中，即便是行为人出现了过失行为或者是故意行为等，其也不会承担相关责任。[①] 譬如，免责制定的紧急避险条例中，行为人做出的行为对他人带来了一定的影响，即便是有事实证据，行为人也不会受到法律制裁，

---

① 参见张小虎：《当代刑事责任论的基本元素及其整合形态分析》，载《国家检察官学院学报》2013年第1期，第135页。

不会承担法律责任和相应法律后果。

需要引起注意的是，由于道义责任论存在一定的缺陷，所以，在其发展中逐渐诞生了一种以性格论为核心的责任论。这种责任论主要指的是责任对象所作出的各类行为，并非是受到其人格或者是行为等方面的影响，而是受到其性格带来的影响。

德国的迈克尔提出了学术界有名的“性格论责任论”。“二战”结束后，日本学者平野龙一对于这种观点非常认可。迈克尔表示，人的行为和人的本质两者之间有着非常紧密的联系，通过行为进行分析，便能熟知人所拥有的特性和精神特质等。然而，迈克尔并未明确人的行为和人格两者间拥有的关系。著名研究者麦耶指出：动机在某种特殊的环境下能够实现正当化，拥有动机的正当化程度越高，则动机主体接受的刑罚便会越轻；任何行为均建立在动机的基础上，而动机则源于性格。所以，动机减轻后，性格必然会加重。

日本学者平野龙一提出了两种理论观点：一是人格相当理论，二是人格分层理论。[1] 他曾表示，在判断犯罪行为所受到的刑罚处罚时，需要根据犯罪意识呈现出的强弱程度来进行。如若犯罪人拥有的犯罪动机非常明显且强烈，则其受

① 参见［日］平野龙一：《刑法的基础》，黎宏译，中国法制出版社 2016 年版，第 1－32 页。

到的刑罚处罚必然也会较重。只要犯罪动机在性格中表现得越加强烈，则行为人做出的违法行为就越会受到刑罚重罚。换言之，在行为人作出的行为和其拥有的人格对等的情况下，其承担的责任便会较重。另外，他还表示，刑事责任在对行为人进行处理时，需要围绕着行为人的人格来进行。然而，人格固有的差异性导致在刑事责任判断上难度相对较大。如若按照人格分层来判定刑事责任，则分为三种类型：一是可以接受刑罚类型的人格；二是能够发挥出刑罚作用的人格；三是其他性质类型的人格。在实际中，刑罚作用于行为人出现生理障碍或者心理障碍时，譬如，神经症等类型的病状时，产生的作用效果非常小。针对这种病质万不可采取一概而论的方式进行，需要按照病质情况，制定与之相符的刑罚方式。

性格论责任论主要是建立在新派提出的著名预防刑论的基础之上。为了规避在预防目的中新派呈现出的无限制追求，所以将人格理论划分为两种类型：一是人格相当性理论，二是人格分层理论。[①] 从某种意义上而言，相比于社会责任论，这种预防刑论所体现出的稳定性和可靠性等均较强。然而，在实践运用中也逐渐显露出了部分问题。

---

① 参见黎宏：《平野龙一及其机能主义刑法观——〈刑法的基础〉读后》，载《清华法学》2015 年第 6 期，第 156 – 172 页。

其一，非本意类型的责任。性格论责任论曾表示，对行为相当的人格在理论上进行责任判断，所采用的判断方式比较简单，但是否与其有关的各类行为均有一定的非难性？另外，在实践中，人无论是变成任何模样均需要对自身的人格进行负责。从道义责任角度来看，人应当承担的责任为性格中自我主体的形成部分。从性格论责任论角度来讲，其主要围绕着社会责任论来进行，以防卫社会为目的，要求人们必须承担与自身人格有关的一切责任。

其二，人格分层说的操作也有着一定的难度。平野龙一对于性格论责任论持有非常高的认可度，其在研究中针对人格责任论进行了严厉的批判。并表示，按照性格区分，可以将人承担的责任划分为两种类型：一种为有责主体，另一种为无责主体。然而，虽然在性格论中，人格责任同样被划分为两个层面，但是这两个层面所代表的含义与前者有较大的差异：一是接受刑罚类型的人格，二是不接受刑罚类型的人格。从这一点上可以看出，相比于人格责任论，性格论责任论拥有的优势更大。

其三，从终极意义角度而言，性格论责任论有着一定的“威吓论”味道。其主要是以决定论作为核心，并认为人所呈现出的各类意识均为被决定状态，将刑罚视为一种“附加条件”，通过刑罚来对人的意思做出有效控制。从某种意义上来说，人的意识会受到来自刑罚的威吓，这种威吓能够让人们内心产生一种非常可怕的畏惧心理。可是，刑罚所产生的威吓作用究竟有多大？是否能够满足道义责任的原则和标准，且这种威吓是否会影响到人的合法权利或者尊严？因为在威吓作用下，任何残忍刑罚均有着一定的正当性和必要性等特性。

3. 社会责任论

社会责任论最早出现在19世纪后期，诞生于欧洲等发达国家中，属于刑事责任理论范畴，建立在人类学和社会学等学派的基础之上。社会责任论的出现为刑法提供了强有力的保障，其主要是以人类拥有的性格倾向为核心。该理论表示，针对社会利益出现了侵犯或者是存在意图的行为等，且为社会利益造成了极大的影响，需要利用法律条例来对这种行为产生的后果进行否定评价。同时，行为人一旦触犯了法律条例，就必须承担相应的惩罚，这种观点被称为“社会责任论”。[①] 社会责任论主要是将自由意志作为核心。菲利所提出的“三元论”中表示，任何犯罪无论是轻微还是残忍均属于犯罪者在心理或者生理上的一种状态，而这种状态会受到来自三方面因素带来的影响：一是出生环境，二是生活，三是工作。以此理论作为基础可知，本质上刑事责任主要是一种

① 参见卢勤忠、何鑫：《强人工智能时代的刑事责任与刑罚理论》，载《华南师范大学学报（社会科学版）》2018年第6期，第116－124页。

社会性类型的谴责。从犯罪者角度来看，犯罪本意上并非是犯罪者的自由意志所决定，而是犯罪者感受到自身所处的环境具备一定的危险性，为了解决这种危险性，犯罪者才采取了各种不同的犯罪方式，而这些方式会对社会带来不利的影响，需要犯罪者去承担一定的法律责任；从国家角度来看，犯罪者所做出的一系列犯罪行为均会对社会带来一定的影响和威胁。所以，其行为必须受到谴责，同时还需对这种行为进行否定评价。

4. 规范责任论

规范责任论的出现能够解决心理责任论在实际运用中出现的各类问题，是在社会责任论与道义责任论等相关理论的基础上而延伸出的一种新型理论。相比于心理责任论，规范责任论所强调和重视的自然科学价值有着一定的差异性。规范责任论主要是以法律规范为前提来明确刑事责任，并认为本质上，法律有着非常明显的心理和物理制约能力。在社会成员一致认同和遵守的情况下，依然有部分成员会对规范要求做出侵犯的行为，而侵犯行为一旦属实，则需要承担来自法律的惩罚和谴责。在规范责任论中，行为违法是判定行为人承担相关责任的重要基础，出现刑事责任的主要因素在于其行为违反了刑法规范。规范责任论还表示，无论是故意还是过失等，既能作为判定违法事实和行为人承担责任的重要依据，又能作为行为人接受法律轻罚和重罚的依据。①

新康德主义作为规范责任论的核心和重要基础，诞生于19世纪中后期，谢林等人以客观唯心主义作为核心进行分析后，得出的观点受到当时德国本土思想界和其他各界的嘲笑和质疑。为了摆脱这种现状，李普曼等人呼吁社会“向康德复归”，并以康德提出的批判性哲学思想为基础，剔除康德提出的“自在之物”观点后，对康德先验论进行了完善和健全。新康德主义明确提出，当为（Sollen）不可能也不会出现在存在（Sein）中。换言之，根据实践经验来对现实情况作出分析，不能从中找到对现实评价的有关规范和标准。②新康德主义尝试转变实证主义或者自然主义等观点，让这些观点转向经验实存角度进行发展，并认为经验拥有的实存现象有着非常高的研究价值。受到新康德主义的影响，德国学者弗朗克于1860年以人的主观作为出发点对价值进行有效评价，并为之提出了学术界有名的“规范责任”。1907年后，富朗克撰写的《论责任概念的构造》提出：责任主要指的是，行为人做出的行为违反了法律义务和法律责任，有着一定的非难可能性，即“在某项禁止活动中，如若某人毅然决

① 参见何庆仁：《特别认知者的刑法归责》，载《中外法学》2015年第4期，第1029－1051页。

② 参见刘隽：《“休谟法则”刍论》，载《伦理学研究》2011年第5期，第59－62页。

然的参与这类活动，则其应当对自身做出的行为承担相应的法律责任。”对于精神障碍患者做出责任判断时出现非难的局面，主要是由于这类行为人所做出的行为并非其心理意愿；对于紧急避险行为不进行责任判断，主要因素在于避险者对于责任能力展现出的认知程度非常差，且行为非故意；对于无认识类型的过失行为进行责任判断时同样有着一定的责任非难性，究其根源在于，行为人在履行其自身应当承担的义务时，所展现出的关心度和关注度非常低，且对法律要求认知程度低，由此形成了这种行为动机。弗朗克曾举例证明，在某家超市的出纳岗位和快递岗位就职的两名男性员工均独立地进行了侵占。其中，出纳员家庭背景非常好，经济条件相对优越，但是没有家人，平日取得的薪酬大多花费在自己的业余爱好上；而快递员的收入水平在中上等，家中的妻子长年卧病在床，且还有子女需要照顾。两人均以非法的方式侵占了他人合法的财产，换言之，两者的行为在故意程度上并无太大的差异。但是，相比于快递员，出纳员需要承担的责任更多，究其根源主要在于快递员所处的情况和环境非常不利，所以其应当承担的责任比较少。而出纳员的资产相对优越，加上个人负担相对少，因此需要承担更多的责任。

然而，关于规范责任论有关的问题，其并未做出详细的解答。譬如，行为人为什么要按照法律制定的标准来控制自身的行为等。[1] 另外，关于行为人对是否有能力和有义务来履行法律规定和法律要求的问题也未做出相应的回答。

譬如，以习惯犯角度而言，行为人不能根据法律要求和法律标准去控制自身的行为或行动，出现这种情况的主要根源在于，在犯罪习惯上，行为人想要对这种习惯进行改变，难度非常大。然而，法律不会因人的习惯不能转变或者不能更改而对犯罪人做出的行为进行从轻或从重处罚。如若犯罪人做出的犯罪行为产生的后果非常严重，则法律会对其重罚。相反，如若犯罪人作出的犯罪行为产生的后果比较轻，则法律会对其轻罚。再如，行为人做出的某些犯罪行为主要是受到一些诱惑影响，在这种情况下，法律是否能够减轻行为人的罪行。显然，这种判断不能完全按照刺激程度来进行。[2] 譬如，一个非常漂亮的美女，身穿性感贴身的衣物，在一个公园内游玩，显然，这位美女会让人产生非常强的性刺激。在这种情况下，行为人对这位美女进行了强奸，则不能降低因刺激而做出强奸行为所承担的法律责任。究其原因是，在自由社会中，无论是受到任何诱惑，公民均需要严格遵循法律法规来履行自身的职责与义务。

---

① 参见车浩：《责任理论的中国蜕变——一个学术史视角的考察》，载《政法论坛》2018 年第 3 期，第 66 – 81 页。

② 参见胡东平、詹明：《人格责任论：一种形式主义的人格定罪模式》，载《南昌大学学报（人文社会科学版）》2016 年第 5 期，第 112 – 117 页。

但是，在当前规范责任论有关概念中，主要是以罗克辛教授的版本为主：

罗克辛对刑事政策进行的研究主要是建立在价值决定上，并认为需要将其与刑法体系进行融合。他表示，在正常情况下，一个科学且合理的规制原理不能完全围绕着判断真假的标准来进行，而是需要综合考虑各项因素。譬如，有益性因素或者有害性因素等。决定性并不一定会影响到行为人做出行为的可能性，立法者在设计刑法条例时，需要建立在对行为人追责和谴责的基础之上。罗克辛还表示，从机能角度来讲，责任拥有两种不同的类型：一是刑法创设机能，二是刑法量定机能。针对行为制定的刑法主要目的在于：第一，利用刑法来约束行为；第二，利用刑法来达到预防犯罪行为出现的效果。从刑罚角度来看，责任是其构成核心，为了规避责任概念的混淆，罗克辛以刑罚预防角度将这类“责任”视为一种“答责性”。

另外，日本学者佐伯千仞表示，从刑法角度来看，由于责任是构成刑法的核心要件，所以，关于责任有关的内容就需要围绕着刑罚目的来进行设计和构建。这种类型的刑罚责任所呈现出的特性，不但指行为人需要了解和遵循法律规定，而且更是对行为人做出某些行为的约束条件。如若行为人在此过程中超出了刑罚责任范畴，则其需要承担一定的刑罚处罚。

以规范责任论角度而言，在对行为人做出的行为进行判责时，需要以他行为可能性为核心，以预防作为基础来明确判责标准。[①] 譬如，行为人处在紧急避险环境中，虽然不能对他行为可能性进行否定，但是立法者需要考虑到刑事政策制定的刑罚目的，按照刑罚目的来对其承担的责任进行判定。由于行为人所做出的行为对社会产生的影响较低，属于无害影响，只是受到了某些因素的影响而被迫做出的这种行为，显然，以公共利益的角度来强行制裁行为人，必然有着一定的不合理之处。所以，无论是预防还是特殊预防在本质上无任何处罚意义。佐伯千仞在对过当防卫分析后表示，虽然行为人做出的合法行为有着一定的不可能性，但是，其无须承担可罚性责任。罗克辛表示，西德刑法中明确指出，行为人在恐怖或者是狼狈等情况下做出的过当防卫有着明显的阻却答责性，而行为人在愤怒和激愤等状态下做出的行为不具备阻却答责性。

在规范责任论中，其将刑罚视为国家开展的一种有目的性的活动，目的在于对犯罪进行预防。但是，在实际运用中应当明确指出责任论本质上的问题。

第一，从本质上来说，责任属于刑罚的重要核心与基础，

---

① 参见陈兴良：《他行为能力问题研究》，载《法学研究》2019 年第 1 期，第 1 页。

只有当责任问题得到妥善解决，刑罚问题才会出现。换言之，刑罚问题在出现前，责任问题已经得到了明确。然而，刑罚目的在责任论中却被视为明确答责性的重要标准。

第二，规范责任论在对责任进行解释和定义时，主要围绕着预防目的来进行，这种方式显然没有重视责任中由自由意志引发的各类问题。依靠可罚性来对行为人做出的违法行为进行限制和制约，虽然属于一种有益的和可行的方式，但是违背了责任的初衷。罗克辛表示，刑罚最终的目的是实现综合性预防。

第三，以立法角度来分析刑事责任的发展历程，明确大众认可的责任观，这显然是时代发展的要求，更是刑事责任的要求。譬如，罗克辛以立法作为切入点，以刑法中针对过当防卫做出的解释作为基础，经研究后表示，在特殊环境中，虽然是一种可行的研究方式，但是，理论刑法学需要深入到对象本身呈现出的规律性进行研究。以功利或者实用等角度来获取的解释结果，可能会出现失真的情况。为了规避这种情况，就需要寻找内在规律，明晰内在规律后，才能得到最为有效和最有价值的结论。

5. 人格责任论

威尔是德国历史上非常有名的研究者，他是责任主义刑法理论的支持者和倡导者。威尔在研究中曾尝试将实证主义和古典主义的两种刑罚理论进行融合，并以这种方式来对刑事责任做出合理的解释与定义。其具有代表性的观点为：首先，从广义角度对责任进行定义和解释；其次，以这种责任概念作为核心来协调刑罚和犯罪两者间的关系；最后，提出一种“人格谴责”的刑罚理论。根据威尔对刑罚做出的解释进行分析后得知，刑罚中涉及的责任并非指的是行为，而是对与行为有关的各项意志因素进行有效的评价。基于此，刑事责任是指“故意和过失两种犯罪，正常情况下均是由人格引起的违法行为或者违法生活态度所致，而针对这种人格必须进行谴责”。团藤重光是日本著名学者，他非常认可人格责任论，并表示犯罪行为能够反映出行为人在性格上的真实情况，而非反映其人格对社会带来的危险性情况。换言之，人在社会中生存，可能会做一些坏事，但是也有可能做一些好事。从本质上来说，通过对合法行为进行分析，便能了解到人格所呈现出的不同特性。①

6. 功能责任论

功能责任论主要是以规范责任论作为基础而延伸出的一种新型理论。其倡导的核心在于，行为人做出行为后是否需要承担这种行为带来的后果责任。在对这种责任进行判断时，需要分析行为人是否履行了法定义务，是否遵循法律规定和

① 参见谢焱：《刑事政策考量下的刑法教义学应何去何从——本体论抑或规范论?》，载《中国刑事法杂志》2012 年第 11 期，第 14－23 页。

法律规范，是否对社会发展带来了影响。行为人如若能够履行法定义务，遵循法律制度和法律规范，便不会出现违法行为。行为人之所以出现违法行为，主要是因为行为人实施这种行为的具体因素引起的，一旦属实，则行为人必须承担相应的违法责任。

当前的社会有着明显的价值多元性特性，在这种社会环境下，人类只有熟知并了解各类法律规范和法律制度，才能做出合法行为和合法行动。从某种意义上来看，一个人放弃自身的行为权利放弃，则这个人的头脑和思想必将是“愚蠢”的。[①] 从现实角度来说，行为人为了扩大自身的利益，无视法律要求，触碰灰色产业链来谋取利益，虽然这种行为被世人唾弃和鄙视，但是在行为人未接受法律制裁前，这些谋取的利益最终归属权依然为行为人。刑法中明确提出，未出现法律规范违法行为，就不会出现利益损伤现象。所以，当前的社会中，人类开展的各项活动和各种行为等均建立在法律规范上，作为社会中的一员，每位公民内心对于其他成员开展的规范行为均有着一定的期待，而这种期待一旦消失，则承担错误的责任人必将成为让公民失望的期待人。想要让社会中的每位成员均按照法律规范来开展活动和做出行为，

---

① 参见熊丙万：《法律的形式与功能——以“知假买假”案为分析范例》，载《中外法学》2017 年第 2 期，第 300 - 339 页。

就必须完善现有的法律规范，发挥其最大的作用与价值。

按照法律规范来约束自身的行为，并遵守和履行法律规范是社会成员需要共同承担的责任和义务。从某种意义上来说，“责任”和法律规范中行为人保持的态度有着非常大的关系，通过对行为人的态度进行分析，便能了解到其意志控制上出现的问题。从内容角度来说，“责任”内容并非指行为人为了规避违法行为的出现而采取对自身意志的控制，而是指行为人需要利用意志控制的方式来约束自身的行为和动机。如若社会中的每位成员均能按照法律规范要求来开展活动，则违法行为和违法动机等必将会消失殆尽。基于此，在法律规范中对行为人保持的态度进行分析，便能熟知其对法律规范呈现出的忠诚程度。

如若行为人在做出某种行为时，受到内外部压力的影响，即便行为人对于法律规范有着较高的忠诚度，但是迫于压力，行为人也会做出一些违反法律规定和法律原则的行为。这种情况下，不能对行为人进行谴责，其做出的违法行为主要是建立在无责任基础上。基于此，行为人做出的违法行为将不满足犯罪构成要件。著名学者黑格尔表示：一个长期没有进食的乞丐，为了保命，不得不做出偷窃行为，这种行为一旦出现，将会对某个人的合法权益带来一定的损坏，然而，乞丐所做出的违法行为属于特殊类型的行为，当其生命受到严重威胁和影响后，其只有做出自谋保护的行为，才能做到尊重生命，享受生命权，而其不做出这种行为，则他的生命权必将会被剥夺。如若在命运不幸的情况下做出违法行为，则这种行为也可以视为无责任行为。不然，将无法解释“我凭什么要饿死”这一问题。然而，在面对死亡危险时，行为人毅然决然地选择这种行为。譬如，消防员或者士兵等，那么这是社会对他提出的合法要求和期待。在这种情况下，便不能以“每个人均活着，不想死”来对自己没有承担的责任进行论证。回顾以往的典型案件，行为人在驱车连续撞人后，下车拿刀连续捅伤多人，此案件中，行为人做出这种行为给出的理由是害怕纠缠，而这种理由就能成为行为人伤害他人性命的理由吗？站在行为人的角度来说，他在当时的环境中，只有采取捅伤被害人的方式，才能维护和保护自己的利益。由此可见，利己主义者无视法律规范必然会做出不道德的行为，而尊重和重视法律规范的行为人，在遇到危险行为后，会义无反顾地拯救被害人。①

如若行为人在事情发生之前做出的行为背离了法律规范要求，则其所做出的事前行为就需要得到法律的量刑。同时，行为人在做出不法行为举动后，行为人对于这种行为有着充分的认知，并转变了其对法律规范的忠诚度，则刑罚量定时

① 参见［日］西原春夫：《日本刑法学说史论纲》，刘建利译，载《法学》2015 年第 2 期，第 133 – 139 页。

需要对这种行为进行考虑。譬如，行为人由于内心憎恨而采取非法的方式对他人产生了伤害，而在伤害结果出现后，行为人内心的憎恨消失，并采取某些行为来弥补自己犯下的过错，那么在刑罚处罚时，必须将行为人做出的补救行为考虑在内，适当进行从轻处罚。反之，行为人没有意识到自己的错误，且未做出补救行为，则应当从重处罚。事后行为人虽然做出了上述举动，但是对于法律规范并未转变原有的认知和态度，则刑法量定环节不能因其做出了补救行为转变刑法量定。譬如，某个从事毒品交易的毒贩，在被公安机关抓获后，为了得到减刑，让自己尽快出狱再从事相应的交易活动，向公安机关检举了其他毒贩信息。公安机关在对毒贩提供的信息进行核查后，即便是信息属实，则刑法量刑也不能从轻处罚。究其根源在于，毒贩本质上并未认识到自己从事的毒品交易活动为社会带来的危害，仅以一己私利而向公安机关进行检举，这种行为本质上就没有转变毒贩对法律规范的忠诚度。

能否对法律规范有着较高的忠诚度，且利用这种忠诚度来约束自身出现的犯罪动机和犯罪行为，是自由人自身的责任。在信息技术等诸多新兴技术的高速发展中，我们生活在一个透明的社会中，在这个社会中，我们只能从同伴作品中来找到自己存在的价值。所以，这种情况下，我们应当采取怎样的方式来维护自身的尊严呢？在现行的社会规范与自然法则中，我只能在我有限的认知范围和知识范围中，利用我自己的行动来证明我对法律规范的认可度和支持度，这是我获得尊严和维护自身尊严能够做出的最大努力，也是我承担社会责任的一种表现，由此一来，我便有了责任。

正常情况下，责任所涉及的问题在于两方面：一是法律规范中，个人忠诚度问题；二是社会系统中，系统自治能力问题。如若社会中出现的某些冲突问题和矛盾问题等能够在不依靠行为人的基础上得到相应的解决，那么解决这类问题的责任就不应当由行为人来承担。以犯罪行为人角度来讲，如若出现了一种比刑罚处罚更为有效的约束措施，且利用这种措施来代替刑罚，约束犯罪行为人今后的行为，那么犯罪行为人将不再承担相关责任。譬如，行为人对某个美女进行强奸后，为其注射一支试剂，此试剂不会影响犯罪行为人的身体，但是能够让其日后不再犯下此项错误，则犯罪行为人将不会承担这种责任。著名学者雅科布斯表示，任何一种违反了法律规范的行为或者行动等，如若排除放弃规则，那么想要利用归责来解决这类违法行为，就需要对环境进行重新设定。譬如，面对冲动犯人，医学只有创新出一种新型的治疗方式后，才能对这类行为人承担的责任是否免责进行考虑。

总而言之，不能以片面的思维或者方式来解决“责任”有关的问题。从本质上来讲，责任和人固有的主观心理有着非常紧密的联系。然而，其主要的作用是对人主观心理进行有效的评价。换言之，以当为即“Sollen”作为出发点对主观心理进行评价，如若评价得到的结果指向消除不合理主观心理的负责主体，则其需要承担一定的责任。另外，“责任”在社会中发挥作用与价值的同时，人也需要承担相应的“责任”。只有这样，才能保障社会的和谐与稳定，这即为功能责任论主要阐明的核心观点。

在一个文明向上的社会中，责任在人类所处的生活领域并未得到完全划分。譬如，某个人在马路上行走，被其他人无意碰撞，有智慧者将会在第一时间道歉，而不会询问他人“撞我的原因”。又如，夫妻双方在进行接吻时，妻子牙齿不小心将丈夫的嘴唇划破，没有任何一个男人会在这种情况下质问妻子“为什么要划破自己的嘴唇”。基于此，在文明社会中，为了消除人与人之间的冲突，最简单的方式就是按照责任大小来分配相应的承担结果。

（三）基于责任理论反思人工智能

目前，AI 刑事责任主体肯定论和否定论两者在学术界中引起了诸多研究者的争议，而引起争议的主要根源在于 AI 产品究竟有没有自由意志。显然这种争议完全忽略了“人”的问题。基于此，下文中将针对这一问题展开了深入的研究与分析。

在回答“人”的问题上，虽然现有的回答方式非常多，但是，并没有一种统一的答案。从某个事物角度来讲，在对这类事物进行概念定义时，本身就有着非常大的难度，究其根本源主要在于，概念思维或多或少会出现一些不足与缺陷，而“人”作为一种有思维、有智慧的高等动物，想要对“人”的问题做出一种统一的定义，难度不言而喻。苏格拉底表示，人出现的问题属于理性类型的问题，所以，在解决这类问题上需要以理性的角度进行回答。然而，理性属于隽永类型的词语，在对“理性”进行分析时，往往会让解释含义出现模糊不清的情况。并且“由于人所处的生活环境和接受的文化教育非常复杂，因此，仅以理性作为切入点来分析，不足以得到最具有说服力的定义”。基于此，在对人进行界定和解释时，万不可仅仅围绕理性角度来进行。著名学者卡西尔表示，在对文化动物进行解释时，可以围绕着符号来进行。从本质上来说，这种解释依然不具备说服力。“符号”本质上就属于一种不全面和不准确的词语，采取这种方式来对人进行定义，显然不可取。相比于其他类型的动物，人与其的最大区别在于，人拥有感受系统和效应系统，而这是其他动物不具备的能力。亚里士多德表示，人属于高级动物，可以利用语言表达的方式来抒发自身的情感，展现自身的价值观念，虽然动物也有相同的交流语言，但是这种语言等级非常低。另外，在主观能动性的作用下，人可以随意支配自己的体力或精神，而其他动物不行。综上所述，无论是卡西尔还是亚里士多德，在对人进行界定时均以功能论作为出发点，忽略了本体论的重视度。由此一来，两人虽然给出的解释不同，但是解释定义均有着一定的片面性。

鉴于我国深受马克思主义的影响，对于“人”是什么这一问题，有必要考察马克思主义的观点。马克思主义认为，人是一种具有主观能动性的动物，人的本质是社会关系的总和。AI 产品本质上是人的工具，即人的器官的延伸，故而无法在法律关系中真正成为一个主体。生产力是社会发展的根本动力，其由劳动者、劳动工具、劳动对象三要素构成。在这三个要素中，劳动者处于支配地位，而 AI 产品属于劳动工具，为人所造且为人所用。总之，“人工智能无法复制、模拟和超越人类主体性”。虽然这种观点极具启发意义，但仍有不足之处。因为上述观点并未指出人的规范化含义。现代社会是一种奉行规则之治的社会。“规则的统治意味着，权利是受到严格限定的，而公民的义务则是有限的。因此，对规则的精心设置产生了对官员行动一致性和公平性的各种期待。”社会中的人是一种规范化的物种，受规范支配、约束和保护。早在古希腊时期，哲学家普罗泰戈拉便提出了“人是万物的尺度”这一论断。对于“万物”的评价而言，人们需要综合考量各个具体事物、抽象属性、感觉属性以及诸如正确与谬误等评价概念。这一论断的主要目的在于，使公民理性地懂得，如何在社会的剧烈变动时期，使自身主动而有效地参与到社会实践中去，并促使其在价值多元化的社会现实中存在基本共识。这种思维对于AI时代的法律规制极具借鉴价值，面对AI时代的诸多风险，有必要在法律规制上形成基本共识，从而有效促使AI技术的健康、有序发展。尽管人类对于许多事物的产生原理及运行状态都不清楚，但人类仍然需要、能够且应当是自我构建的目的。由此应当认为，人是万物的尺度，可以决定某一事物的价值高低。比如，环境利益属于一种刑法法益的原因在于，它是有利于人类自身的诸如生命、身体、自由等利益实现的“现实存在”；如果没有这种关联性，则环境利益不应当成为一种刑法法益。此外，康德亦认为：“现代人不应当受到本能的指挥……他应当从自身中创造一切事物来”。其“实践理性”原则阐述了具有主观能动性且应受“自律”支配的人，而技术理性提升了人的身体的支配能力、拓宽了人的身体的支配范围。由此可见，应当将人作为衡量万物的尺度且具有主观能动性与受规范约束的物种。

“所有的文化或文明都是人的‘能在’与‘应在’不断从潜能到现实，从应然到实然不断反复交替地辩证运动的结果，都是人的历史的组成部分。”从具有理性、属于政治动物、会使用语言符号、具有主观能动性、受规范化约束等角度对“人”进行的界定，都在不同程度上受到了“人是万物的尺度”这一论断的影响。首先，人们认为，尺度；其次，人类作出价值以及属性评判所依靠的内在工具是理性，外在工具则是语言符号；最后，人类依靠社会化的维持及其良性发展维护已固定的价值观念，通过综合性奖惩措施维护规范的公众认同。总之，唯有人才能够决定某种物种是否具有价值及其价值高低。AI 刑事责任主体肯定论之所以认为，应当赋予强 AI 产品刑事责任主体地位，是因为没有持有一种合理的“人”论。肯定论持有的是一种机械式“人”论，不混淆了“表象”与“内在”之区别。不应将强 AI 产品作为一个具有自主意识的人对待，正如人们不会将动物作为人对待一样，因为其无法在某种程度上本能地意识到并通过行动实现自身意愿。本书不能保证书中所述观点，可以让人们得到 AI 刑事责任主体问题被合理解决的所有预期得以实现的结果，却能够接近想要破解的答案，可以保证整个应对机制在一种合理的、递进的期待中得以维持、改进。当然，偏向于法理与哲理论证的策略确受自身能力所限，因此自知仅靠法理与哲理论证维系基本的判断力明显不及那些既取法于法理与哲理论证又工于 AI 技术挖掘的方法选择，好在有人早早地为法理与哲理论证做了以下辩护，“紧张的意识很可能在理性全然缺失的情况下产生……仅仅由不着边际的幻象和欲望所充斥的心灵虽然看起来能万无一失地追求某些东西，但是它们并不具备人类灵魂的高贵特性；因为上述追求不会因目标的任何前景得到启发”。

三、人工智能时代刑事责任理论的主要问题

人工智能时代的到来也将对人类的社会、政治、经济、文化等各个方面产生重大影响，对现有的政策、法律与伦理制度带来严重挑战。近年来，我国刑法学界对人工智能的刑法问题展开了深入研究，其中的一个核心议题在于：在人工智能对人造成损害的情况下，其是否可以作为刑事责任的主体承担责任？对此，学界的普遍共识是：在当今弱人工智能时代，人工智能仍然只是人类的工具，其无法作为刑事责任的主体承担责任。然而，如果将来出现强人工智能甚至超强人工智能，那么，其是否可以作为刑事责任的主体承担责任呢？一种观点认为，由于强人工智能或超强人工智能既不具有人类的自由意志，也无法承受刑罚，因此，不能承认其具有刑事责任主体地位；① 另一种观点则认为，应当承认强人工智能或超强人工智能是适格的刑事责任主体。② 孰是孰非，莫衷一是。在这一过程中，我们可以看到刑事责任理论面临的主要问题：

---

① 参见时方：《人工智能刑事主体地位之否定》，载《法律科学（西北政法大学学报）》2018 年第 6 期，第 67 – 75 页。

② 参见刘宪权：《对强智能机器人刑事责任主体地位否定说的回应》，载《法学评论》2019 年第 5 期，第 113 – 121 页。

（一）主体性问题

在讨论人工智能的刑事责任主体地位这一问题之前，我们首先遇到的一个问题是：对于智能程度很高的人工智能，难道人类社会就必须承认其具有法律主体地位吗？传统观点认为，即便对于一个具备学习能力的人工智能而言，由于其无法认识到自己是权利的享有者和义务的承担者，无法认识到自己的自由，因此，该人工智能从根本上不具备人格性。例如，以魏根特为代表的德国学者从本体论的角度出发，以自然人具有某种机器不可能具备的特殊性这种想象为基础展开论证，从而否定了人工智能的人格主体性。[①] 从启蒙时代起，人的自主性、人对于自我的认识就一直处于人格相关理论的核心位置。然而，越来越多的观点认为，这种本体论的论证思路是不能成立的。例如，德国学者加埃德就指出，本体论的人格体理论基本上是试图通过描述人类的某些自然特征，简单地归纳出结论，然而，这种从自然界的实然简单归纳出道德和法律上的应然的做法是不成立的，本质上就是神创论的一种变体，就如同美国《独立宣言》中所述：人格权是天赋的。如果仔细分析

---

① 参见龙文懋：《人工智能法律主体地位的法哲学思考》，载《法律科学（西北政法大学学报）》2018 年第 5 期，第 24－31 页。

类似的理论就会发现，在相应理论体系下，我们能够证明的仅限于某个对象属于智人这一物种，由此，这一对象就必然拥有了人格体或者道德主体地位。然而，即使对完全失去自我认识的植物人或者患有特定精神疾病的患者，我们也不能将他们排除在人格体之外。由此可见，“是否能够认识到自己的自由”根本不是一种对于人格体的判断标准，毋宁说是一种假设的、人为建构出来的判断标准。不仅如此，从人类历史来看，人格体的外延也并不是一成不变的。在400年前，特定自然人还是商品的一部分，属于财物。尽管前文提到的美国《独立宣言》中写明了“我们认为这些真理是不言而喻的：人人生而平等，造物者赋予他们若干不可剥夺的权利，其中包括生命权、自由权和追求幸福的权利”，但直到近百年后，非裔自然人才被承认属于人格体。如果以现代意义上的“人的尊严和人格自由发展”为标准，那么，妇女成为完全意义上的人格体的历史也只有百年左右。这意味着，人格体的外延和内涵是随着历史发展而发展的。即使承认“能够认识到自己的自由”这样的人格体标准具有合理性，其作为既有标准也只能是参考依据，并不具有决定性。①

---

① Vgl. Karsten Gaede, *Künstliche Intelligenz – Rechte und Strafen für Roboter? Plädoyer für eine Regulierung künstlicher Intelligenz jenseits ihrer reinen Anwendung*, Aufl. 2019, S. 44 f.

除了上述从本体论的角度否定人工智能法律主体地位的观点外，还有学者认为，刑法学的范畴应当是由宪法划定的，既然德国《基本法》中已经明确指出了“人（Menschen）”的尊严，那么机器自然不在考虑范畴之内，刑法是为（自然）人制定的法。而且，从德国新《道路交通法》的修订来看，针对（尚未出现的）全自动驾驶车辆这样的高度自主系统，立法者依然维持了自然人的严格责任。由此可见，立法者即使对于高度自主系统也并没有增设一个新的法律主体的意图。然而，援引宪法规范仅仅能说明人享有人权，在同一层面上却无法论证为什么人享有人权或者为什么只有（特定）自然人才享有人权。因此，尚未讨论的问题是，增设人工智能主体是否恰当，或者对宪法文本中的“人”的解释是否应当包含“非裔”“妇女”或者“具有自我意识的人工智能”。由此可见，人工智能的法律主体问题是无法在宪法层面上被加以讨论的，而是需要在更高的社会共识层面上得到检视。

目前，德国学界有影响力的观点认为，如果不以社会为媒介，刑法是无法在任何意义上触及本体论层面的。只有从社会角度出发，才能回答人格问题。例如，德国学者辛格有言：“人只有以他人为镜才会获得自我身份。”这种人格的社会相对性理论认为，即使“意识”“自我感觉”或类似的能力确实是人格体的必要条件，它们也属于社会范畴，而不属于自然科学范畴。因此，我们应当在社会共识的层面上，对“人格”或者“罪责”这样的概念进行目的性的建构。社会认可特定主体的能力或者将某种特定的能力归属给符合条件的主体，并赋予其承担责任的资格，而一个特定的主体之所以能够成为主体，并不是因为其享有特定的身份，而是被认为其有能力作为规范的接受者而满足规范上的期待。在一个规范意义上的社会中，每一个个体都不是以“人”这种物种上的身份存在的，而是以一种被建构出的规范接受者的身份存在的。换言之，所谓的“人格”，是一种用于观察的塑造物，这种塑造物又服务于特定目的。我们说人与人是平等的，显然并非是指两个自然人的能力（无论是具体的智力、体力，还是抽象的“自我感觉”的能力）是均等的，而是指被塑造出的两个“人格”在法律层面上是平等的，他们应当受到同等的对待。相应地，支撑这种人格塑造的能力也应当是在一定事实基础上的拟制，这种拟制同样服务于特定目的。虽然这样的建构在原则上可以是任意的。既然可以假设智人这个物种具有“自决能力”或者“理性”，那么在相同逻辑下，就可以假设其他任何对象具有这种能力。事实上，这样的假设并不是恣意的，而是需要结合法律政策对这一假设的必要性进行判断。

在此基础上，没有任何充分的理由可以排除人工智能作为法律主体的可能性，至少不能排除人工智能作为法律主体的讨论对象的价值。我们完全可以进行这样的思想实验：假设出现了一种高度自主化的人工智能，这种人工智能能够“意识”到其他智慧主体的主体地位，并基于这种“意识”调整其行为模式，那么，在现有法学、法哲学体系中，是否可以承认这种人工智能具有法律主体地位呢？无论如何，我们至少可以借此反思：我们是否真正理解了“人的尊严”以及由此产生的“享有权利的权利”？毕竟这才是法学、法哲学的研究范畴。人工智能在技术上究竟能否产生这种“意识”，既不是应当由法学家回答的问题，也不是法学家能够回答的问题。[①] 很显然，一个在人工智能时代之前没有得到充分解答的问题是，我们究竟能够凭借什么认定，或者说凭借什么识别，另一个对象是一个理性的主体？至少在康德主义看来，人类“能够识别其他有智慧的生物，并将他们对自由的要求纳入我们的自我立法中”。如果我们根本无法识别一种在经验上可以被证明的具有社会化能力的（人工）智慧体，那么实际上我们就是将自己排除在理性主体的范畴之外了。我们不可能在承认自己是社会化的理性主体的同时，不考虑其他智慧主体的主体地

---

① 参见孙占利：《智能机器人法律人格问题论析》，载《东方法学》2018 年第 3 期，第 10－17 页。

位。值得注意的是，康德本人也从未将其道德哲学理论局限于自然人主体，而是仅强调了“理性主体”这一概念。因此，如果一个智能主体（即使是人工的）在客观上有能力识别并尊重一个自然人主体作为主体的自由，并相应调整自己的行为，那么完全可以说，这样的人工智能是“道德的”人工智能。从技术角度看，机器甚至无须产生所谓的“情感”就有可能实现这一要求。在这种情况下，承认人工智能的主体地位不仅是可能的，而且是对作为理性主体的我们的必然要求。至于在这个思想实验的基础上，能否进一步降低人格体的准入门槛，则有待进一步研究和探讨。

（二）人工智能和罪责理论（狭义的责任理论）

在“去形而上学”道路上走得更远的是机能的罪责理论和交谈的罪责理论，两者都试图对罪责本身进行更为客观的解读。例如，德国学者罗克辛认为，虽然自由意志作为整个法律体系的基础是毋庸置疑的，但显然没有必要去“信仰”自由意志。换言之，并不一定要坚信自由意志确实存在，才能以此为基础讨论法律问题，因此，完全没有必要去证明是否存在自由意志。他认为，只要行为人在实施行为时，精神和心理状态达到了能够做出正确决策的水平，且在物理上行为人仍具有控制自己行为的可能，那么，行为人就具有规范上的可交谈性。换言之，行为人具有自由意志。[①] 在交谈理论中，人依然必须是自由的，因为秩序的基础是主体间相互承认并尊重其他主体的自由。然而，在该理论体系下，这种自由是可以在客观上被证明的。因此，从本质上讲，罗克辛所代表的交谈理论塑造了一种规范上的自由意志，这种规范的自由意志并不直接与自然科学的结论相关联，而是一种社会共识的结果。就这一点来说，机能的罪责理论实际上与交谈的罪责理论采取了相近的思路。机能的罪责理论完全无视自由意志的命题，同样认为，什么是罪责、谁应当承担责任都取决于社会，而非取决于本体论层面的特殊属性。如果从一般预防的角度来说，对主体科处刑罚是必要的，那么就可以认定该主体是有罪责的。

当然，在学理上，人们对机能的罪责理论和交谈的罪责理论均存在争议，两者彼此之间也并非没有矛盾。例如，以“一般预防”或者“保障规范有效性”为目的的机能罪责理论就被认为在一定程度上有违法治国原则之嫌。然而，我们可以看到这两种理论在简化不必要前提方面的努力。只要接受这种社会认可论的立场，认为可以通过一种社会

---

① 参见赵林：《罪恶与自由意志——奥古斯丁“原罪”理论辨析》，载《世界哲学》2006 年第 3 期，第 77 – 85 页。

共识规定罪责的主体和罪责能力的标准，那么就会发现，无论接受何种具体的理论体系，都不会与可能的人工智能罪责能力发生冲突。例如，就机能的罪责理论而言，当具有自主决策能力的人工智能大规模介入人类生活，以至于由其导致的责任真空过于巨大，法律本身的稳定性已经受到动摇时，就可以甚至必须承认人工智能的罪责能力，由其独立承担法律后果。目前，大多数承认机器具有归责可能性的学者都是从这一角度展开论证的，并且认为，陷入修补他行为可能性理论的旋涡或者追随决定论的脑科学研究基本上没什么意义，因为个体自由一般来讲是不可证的，对刑法而言也并不重要。无论是自由意志理论还是罪责理论，都是“对真实世界的社会性重构”，既然社会可以构建人类的自由意志，当然也可以构建人工智能的自由意志。如果从交谈理论出发，只要认为人工智能在客观上具备规范上的可交谈性，那么就应当认定其具备责任能力。具体而言，认定人工智能是否在物理上具备控制自身行为的能力并不困难。至于何时应当认定人工智能的“精神”或“心理状态”足以支持其做出正确决策，仍然是值得作为法学和自然科学交叉学科的人工智能法学长期探讨的问题。例如，曾有不少学者试图以通过图灵测试为必要标准，但近来也出现了不少反对的声音，认为图灵测试并不是决定性的标准。然而，无论如何，构建一个既符合人工智能决策机制又符合法律规制要求，而且能为社会所认可的标准，在逻辑上是完全可以成立的。因为只要存在客观上的（以自然人为依据构建的）能力标准，那么这种标准就必然不与任何客观规律发生冲突。因此，人工智能实现这种标准（无论是否通过和自然人相同的途径）只存在技术难度上的障碍，而并非从根本上不可能。当然，值得一提的是，对自然人罪责的判断是以成年自然人通常具备规范上的可交谈性为前提进行的消极判断。这里的标准首先应当发挥证立功能，即应当先以此标准认定人工智能在客观上具备规范上的可交谈性，而当人工智能在客观上可以满足该标准时，则应认为所有同类人工智能均可满足该标准，并同样以此为基础进行消极判断。

四、本章小结

人工智能主体广泛介入人类社会，既是一种社会现实，又是一种必然的趋势，其广度和深度均远超此前任何非自然人主体对人类社会介入的广度和深度。对于人工智能的责任归属问题进行研究，一方面可以提供检验现有理论合理性的试金石，另一方面也具有解决现实问题的实际价值。

随着人工智能自主性的增强，自然人的支配力不断下降，必然会导致归责上的障碍，这使得归责于“使用人工智能工具”的自然人并非理所当然地具有正当性。在对直接由人工智能主体导致的损害结果进行归责时，一种正确的逻辑是：首先对人工智能主体是否能作为独立主体承担责任进行判断。就人工智能主体的可归责性而言，现有行为理论直接排除人工智能主体实施行为的可能性的做法并不具有正当性，应当认为，具备足够决策能力的人工智能可以实施刑法意义上的行为。人工智能的行为是可能具有违法性的。然而即使没有人工智能问题的介入，当前的罪责理论也已经呈现出明显的“去形而上学”趋势。如果排除了“自由意志”这样的形而上学概念，那么可以说，现有的罪责理论并不排斥人工智能的罪责，甚至可能发展出一种合理的客观标准作为人工智能罪责能力的判断依据。在此基础上，至少将人工智能主体作为一种拟制的法律主体置于刑法的范畴之内是没有问题的，甚至将其作为道德主体的可能性在事实和逻辑层面也是可以成立的。在人工智能主体具备足够的理性能力的前提下，对其科处刑罚是有意义的，完全符合刑罚目的。

第二章

人工智能刑事责任的基础省思

一、概述

“刑事责任”（criminal responsibility）概念脱胎于“责任”（responsibility）概念。人们对责任概念的讨论由来已久，不论是日常用语还是专业用语，我们都能时常感受这一语词的分量。讨论刑事责任，归根结底的问题在于，为什么对这个人施加刑事制裁？这是刑事责任的根据/基础（foundation of criminal responsibility）的问题，即为什么这个主体是值得谴责的？在长时间、高频度的使用下，不同的学科对刑事责任这一概念会贡献不同的思考，且随着时间的推移进而增强讨论的深度和精度。那么这些不同的视角是如何参与到对刑事责任的讨论，并为其贡献独特的理论意涵呢？在这一小节里，笔者将从哲学（伦理学）、社会学、法学、刑法学四个角度分别讨论刑事责任的理论基础来源。

1. 哲学及伦理学

“对人性的理解决定了刑法学的性质。”① 大塚仁教授的表述一语成谶，也揭示出了刑事责任概念的根本出发点。正是对人的不同维度的理解，决定了刑事责任概念的本质。对这种本质的探求，尤其体现在哲学视角的贡献上，其对人的本体论探讨最终会涉及人的本质问题，而问题的关键点则是“自由意志”。

自由意志的讨论始于启蒙年代。② 彼时尚处在中世纪的末期，生活在尘世的人仍被嵌入由全知全能的神所掌控的世界秩序之中，在这种世界秩序之中，宿命论、神定论占据着人们的思维，我们所理解的刑事责任或者说刑罚也是以“神罚”的形式出现，而忤逆上帝的意志乃是信徒所不情愿、不敢、不齿之事。但是，这种神学意义的刑事责任

① ［日］大塚仁：《犯罪论的基本问题》，冯军译，中国政法大学出版社 1993 年版，第 2 页。

② 笔者之所以强调是启蒙年代，是因为人类对自身主体性的认识是一个逐步的过程，而不是从某个事件开始的，因此以“启蒙年代”来代称从文艺复兴到启蒙运动这一长达四五百年的时段。

观既是原始的又是蒙昧的，从这种视角去看待的刑事责任并没有任何理论意涵，所有的实际被施加的刑罚都变成了不加反思的应然，因此失去了反思的维度。现代意义的刑事责任观发轫于启蒙思想家笔下的人的解放。为了把人从神的奴隶状态中解放出来，启蒙思想家提出人具有理性，人的意志是自由的，并以意志自由来论证人的独立性。普芬道夫（Pufendorf）将人作为具有理性、基于自由意志而行为的存在来把握，也就是把人当作可以基于自由意志决定实施行为的存在。[①] 康德就把刑法视为对人的理性的一种绝对命令，认为一个人能够按照自己的表述去行动的能力，就构成这个人的生命。而人按照自己的表述去行动的能力本身，包含着人的理性选择，这种理性选择便是人的自由意志。[②] 从启蒙时代到当下，对自由意志的认识凝结为“可供取舍可能性”（alternative possibilities）的立场之争。[③] 也即，一个人为了能够对自己的行为承担道德责任，他就必须在到达那个行为的某个相关点上具有某种类型的可供取舍的可能性。

除上述内容之外，自由意志所产生的问题不仅仅是表

① 参见张明楷：《责任论的基本问题》，载《比较法研究》2018 年第 3 期。

② 参见［德］康德：《法的形而上学原理——权利的科学》，沈叔平译，商务印书馆 2009 年版，第 10 页。

③ ［美］哈里·法兰克福：《可供取舍的可能性与道德责任》，葛四友译，载徐向东编：《自由意志与道德责任》，江苏人民出版社 2006 年版，第 359 页。

面的“人能够独立作出决定，并对自己的意向和行动负责”，而是要表明，人为什么要对其有意志、有意识的活动的负责。但是这种探求已然深入到本体论的核心问题，所以很多哲学家在穷极一生仍未明晰这一问题的情况下，选择引入一个上帝的角色来发挥“第一推动力”。本书的讨论只得搁置这一问题，而选择一个比较表层的哲学意涵，即“人要为自己意向下的行为负责”。

这种自由意志的思考构成了道义责任论的基石。道义责任论以意思自由作为其理论基石。人是有意思自由的，具有自由意思的人能够选择实施犯罪行为也可以选择不实施犯罪行为，然而，他竟然选择了犯罪行为，因此就可以对其进行道义上的谴责和非难。[①] 虽然在这种道义责任论讨论的内部，仍然有对自由意志的绝对化和相对化的讨论，并且针对自由意志的存在问题也难以定论，但这些都不妨碍自由意志这一思想资源成为哲学对刑事责任概念的核心贡献。意志自由也构成了刑事责任讨论的基础。[②]

2. 社会学

随着启蒙的逐步推进，人对自身认识的不断加深。人类文明的科学研究（自然科学与社会科学）也随之不断发

① 参见冯军：《刑事责任论》，法律出版社 1996 年版，第 96 页。
② 参见张明楷：《责任论的基本问题》，载《比较法研究》2018 年第 3 期。

展，从越来越多的科学发现和实验结果表明，人类不受外界因素制约的绝对的自由意志是不存在的。或者说，启蒙已经使人类认识到了理性与自由意志的宝贵性与巨大作用。从历史发展的角度来看，这些要素已然退居幕后，成为人们认识“人”本身的一个理论背景和基本共识。其他学科，如社会学、心理学、人类学、经济学，都在 19 世纪末 20 世纪初获得了长足的发展。使刑事责任的研究观点转向了行为人的性格及行为人所处环境之影响因素来寻求刑事责任归责的必要性。

除了学术背景之外，19 世纪也是经济急速发展的一段时期，经济发展、人类生活水平提高，但随之而来的也有环境的不断恶化、社会收入差距的拉大、社会问题层出不穷、社会动荡加剧、阶层分化逐渐严重。在这种社会背景下，以犯罪人自由意志为前提而处罚其外部行为的纯哲学视角，已被激增的犯罪事实所动摇。因为社会背景的存在从一定程度上动摇了人们的基本认识，虽然有自由意志的存在，但是仍然有一些刑事事件不能完全归责于行为人的主观意志。19 世纪中后期，古典刑法学派不再能适应犯罪的激增。光靠刑罚打击的刑事政策显然不能控制日益增长的犯罪率，不足以维护稳定的社会秩序。因而，导致社会方位的呼声大涨，社会本位的新刑法观应运而生。

于是，人们开始以实证的方法探求犯罪的原因，进而有针对性地形成防止犯罪的对策。现在时兴的犯罪学也是在这种时代背景下产生的。社会学视角将人从理性人丰富化，并认为人是一种社会造物，其生活于社会其中，自然也就受到了社会条件的限制，其行为也必然对社会产生影响，而非点对点地影响受害者。此外，这种视角还以因果律来立论，其归责基础在行为人的反社会性或社会危害性，而非人的自由意志。对此，意大利犯罪学专家加罗法洛则直接攻击了直接受自由意志理论影响的道义责任论。他认为：自由意志经常为那些可能影响个人意志的内容或外在情况所限定，从这个观点出发，惩罚的问题就不能彻底解决。[①] 道义责任论的原理只能导致刑事遏制的目的失败。社会学视角还产生了刑法学中的经典学派的论争，即道义责任论和社会责任论。双方各执一词，只不过随着学术研究的推进，这两种观点之争也早已从非此即彼的“龙虎斗”演变为寻求调和的共识，这也就决定了两者作为刑事责任理论之共同理论资源的定位。除了社会责任论之外，作为鲜活的资源库，也会源源不断地影响着责任论中的其他看法。甚至在社会发展与责任论的互动之中，社会学视角都是不可小觑的。功能责任论中就有很多类似的观点，同时

① 参见［意］加罗法洛：《犯罪学》，耿伟、王新译，中国大百科全书出版社1996年版，第245－246页。

也贡献了其他观点，诸如社会政策、一般预防功能，当然也可能包括功能责任论的发展和演变。

3. 法学

在对刑事责任的讨论中，我们可以从法学的讨论为主要视角，从而区分出法学内的视角和法学外的视角。前述的哲学和社会学视角当然属于法学外的视角。但在作为法教义学的法学的意义上，一个一般意义上的法学不是任何一个部门法学（部门法教义学），而必须由法理学来承担统摄整个法学的任务。[①] 毕竟，如果想要建构一个一般意义的法学，则需要对各个部门法规中的概念做提取公因式的理解，一般是通过构建以“法律关系”为核心的概念来统摄各个部门法学中的基本概念。在欧陆法学发展的视角下，为了与前述哲学的视角有所区分，一般法学说（allegemeine Rechtslehre）得以勃兴，并最终形成了以法学理论（Rechts-theorie）为名称，内容兼收并蓄，但功能明确的一般法学理论。[②] 法学中对刑事责任的看待，便是一般法学说的成果。

法律关系是指法律规范在调整社会关系的过程中形成的人与人之间的权利义务关系。[③] 以法律关系为核心概念，

① 雷磊：《法理学》，中国政法大学出版社 2019 年版，第 12－15 页。

② 参见雷磊：《法理论：历史形成、学科属性及其中国化》，载《法学研究》2020 年第 2 期。

③ 参见雷磊：《法理学》，中国政法大学出版社 2019 年版，第 82 页。

法理学就建构起了法律关系的主体、客体、内容（权利）等一系列的基本概念。在法律关系中，责任有三种情形：(1) 因违反义务而应承担的不利法律后果；(2) 仅因法律规定而应为自己的行为承担的不利法律后果；(3) 仅因法律规定而应为他人的行为承担的不利法律后果。虽然在上述的三种情况下，产生的原因各有不同，但是归根结底，法律责任是一种不利法律后果，抑或否定性法律后果。法律责任的来源是人们实施的违法行为，法律责任的本质在于基于法律规定对该种违法行为的处罚而承担的法律上的后果。[①] 考虑到法律责任与法律义务之间的关系，也有人从两者关联的角度来看待法律责任，并认为，法律责任是由于侵犯法定权利或违反法定义务引起的、由专门国家机关认定并归结于法关系的有责主体的、带有直接强制性的义务。即第二性义务。[②] 如果这一一般性界定继续推进的话，刑事责任就是因为违反刑事法律的规定而承担的不利法律后果。

在法理学的讨论中，为了保障各个概念的一般性，并借由这种一般性来估计整个法学中概念的统一性，往往会

---

① 参见佘博通：《论刑事责任的本质属性》，载《理论与改革》2014 年第 2 期。

② 参见张文显：《法理学》（第 5 版），高等教育出版社 2018 年版，第 212 - 230 页。

对概念进行任意的剪裁，甚至抹杀掉每个部门中最重要也最具特色的因素。比如，民法中的意识自治、刑法中的罪责概念。仅就刑法来看，上文对于自由意志的讨论并没有体现在法理学之中，可是对责任概念的讨论除了讨论责任是什么以外，更关键的任务在于，为什么自由意志产生的行为要承担责任这个更一般的问题。对于这一问题，各个部门法规中都需要对此予以解答，这本身是一个在国家权力和个人权利之间划界的问题。这一点需要法理学去回答，也值得法理学去关注。除了这一问题之外，法理学对于刑事责任的理解，其贡献了最核心的一点，即是一种负面影响。只是这一点在人工智能的语境下略显单薄。

4. 刑法学

刑法对于刑事责任的讨论更加多样化和专业化，是刑事责任讨论的“主战场”。没有责任就没有刑罚，这是刑法中责任主义的主要主张。考虑到英美和欧陆两种体系的讨论中，犯罪论阶层体系的讨论的差异性非常大，因此以下的论述也将区分英美和欧陆的两种犯罪论阶层体系，因为在这两种体系中，责任都扮演了不同的角色。大陆法系将犯罪构成要件符合性、违法性、有责性作为成立犯罪的三大要件，由此构建了犯罪论的基本体系。其中构成要件符合性是行为的定型，属于纯客观、无价值、记述的要素。在此理论框架内，责任显然是成立犯罪的条件之一，其意义是从客观进入主观形成递进性的评价过程，最终把符合构成要件的违法的行为与行为人的主观意志结合起来，保证谴责的正当性。在有责性考虑中，最基本的是，将人的故意或过失的心理状态置于核心，然后辅之以一些由社会因素影响所产生的主观阻却事由，进而便能在具体的刑事案件中判断责任的有无和大小。“刑法上所谓责任，乃指构成犯罪负担刑事责任制裁之主观的心理状态而言。”[①] 当我们在刑法理论中提及主观过错、违法性认识、期待可能性、刑事责任能力的时候，其实都是在欧陆意义上使用刑事责任这一概念。当然，这一点与我国对德日刑法理论的继承息息相关。[②]

我国与欧陆有显著差异的是，在英美国家，刑事责任一般被广义地理解为一种承担法律制裁与强制的法律地位，而不是被狭义地理解为违反刑事法律义务的危害行为的主观心理的可谴责性。这种情形下的刑事责任讨论便与法理学对刑事责任的认定差异不大，甚至可以说两者存在较大的重合之处。且不论这是学科发展史的吊诡之处，还是两者在发展过程中的必然之举，但简要总结下来，刑事责任的中国和英美之区别，亦可说是归责和量刑中的责任之别。

---

① 参见徐立：《刑事责任根据论》，中国法制出版社2006年版，第160页。

② 参见车浩：《责任理论的中国蜕变——一个学术史视角的考察》，载《政法论坛》2018年第3期。

量刑中的责任正对应于上文法学视角中的否定性后果。当然，也可以说欧陆和英美视野中的刑事责任概念，在前者是被置于犯罪论讨论之中，在后者则被置于犯罪论讨论之外。

刑事责任应当包含双重内涵。一是法律规定意义上的内容，即“犯罪的法律后果”；二是理论意义上的内容，即“主观谴责”，从而产生了客观的侵害法益结果，但是否可以因此而将行为人的行为作为犯罪，对其科处刑罚时必须考虑的问题，且该问题在客观侵害产生之后，探讨行为人的行为是否构成犯罪之前考虑。[①] 笔者在本书中对人工智能的刑事责任的探讨并不是从一个消极后果的意义上来讨论追究人工智能刑事责任的强制性和可行性，而是要问及一个涉及核心领域的问题，也就是我们为什么要在某个案件中处罚人工智能？而后才会问及我们怎样处罚的问题。这个问题与一般的责任理论的讨论并无差异，共同点都是在追问刑事责任的根据何在。因此，这也就决定着本书的推进都是在欧陆意义上进行的，即停留在犯罪论之中去看待这种责任追究的主观过错层面，有否入罪和出罪的可能性。这也是刑法学视角能够提供的最一般化讨论范围，而后的

---

① 黎宏：《关于“刑事责任”的另一种理解》，载《清华法学》2009 年第 2 期，第 26 - 29 页。

一整节内容，都是在这个意义上展开讨论的。

上述四种理论基础来源，对于责任的界定既存在相同之处，又存在不同之处，最关键之处在于，只有准确厘清了它们之间的关系和优先性，才能明晰刑事责任讨论的主要场域和关键理论资源。真正的刑事责任论应该从哲学视角为出发点。一个人只有在主观上有可以归责的地方，才能被追究刑事责任，这样的追究活动才具有合理性。要以社会学视角为基本观点，因为只有社会学视角才能丰富刑法学对人的理解。而后以法理学视角为落脚点，毕竟刑事责任最终将是一种否定性的法律后果。最后，这一切的讨论都发生在刑法学的研究领域中，也一定会以刑法学的具体教义学问题和具体概念争论的形式出现。因为只有在刑法学的讨论中，哲学和社会学提供的对人的理解才能找到发挥作用的空间，也能将自己建构为国家尊重公民自由权利，以保障基本人权作为出发点。

一般化地讨论刑事责任在刑法学中固然有重要的作用和地位，但是这种做法始终围绕在本书所关心的核心问题的边缘，难免有隔靴搔痒之嫌，并且也确实与中心问题的讨论相去甚远。在开展具体讨论之前，最关键的还是要暂时明确一下人工智能的主体性。现在，大家一般认为人工智能（AI）分为弱智能机器人和强智能机器人，其应用范围很广泛，并有诸多不同的技术方向，因此也就产生了不同的刑事责任思考点。小到自动驾驶系统、自动指挥系统、有（或无）医师协助的智能医疗、数据污染后的投资失败行为，乃至深度学习、大数据之类；大到虚拟货币、元宇宙，甚至是完全类人化的智能机器人的出现。学术界一般不认可弱人工智能机器人的刑事责任主体地位，毕竟这些弱人工智能不过是一系列算法的集合，只能在设计和编制的程序范围内实施其行为，不具有自主意识和意志。因此，其对于可能产生的刑事责任而言，只不过是行为人的一种技术工具。① 对于强智能机器人，其主体资格问题仍在争论当中，关键点在于强智能机器人在做决定时如何与人相像。②

不管是弱智能机器人还是强智能机器人，不管是责任主体、产品提供者还是用户，抑或是可能被承认为主体的强智能机器人本身，这里面所涉及的都不是人工智能是不是人这个问题，而更多的是对责任的衡量和拟制的思考。③ 因此，刑法学对于人工智能的刑事责任的思考不能仅仅停

---

① 参见刘宪权：《对强智能机器人刑事责任主体地位否定说的回应》，载《法学评论》2019 年第 5 期。

② 刘宪权：《对强智能机器人刑事责任主体地位否定说的回应》，载《法学评论》2019 年第 5 期；何鑫：《强人工智能体承担刑事责任的哲学与法学根据》，载《江西警察学院学报》2019 年第 6 期；刘宪权：《智能机器人工具属性之法哲学思考》，载《中国刑事法杂志》2020 年第 5 期。

③ 参见李本灿：《自然人刑事责任、公司刑事责任与机器人刑事责任》，载《当代法学》2020 年第 3 期。

留在“人工智能是不是人”这个问题上，这样就体现不出法学本身的特质，甚至使法学话语从属于更大、更泛化的哲学话语的讨论。在这些话语中，法学的特质尤其体现在法律权威的断然性上，[①] 因为其余视角都或多或少地会受到因果律的影响，从而将人工智能放在因果的天平上加以衡度，但是法学可以基于拟制（fiction）的思维，结合社会需求和规制必要性而对人工智能加以制度化。这种思维并不是一种因果律，而是法学所特有的归属律，这种归属就体现了很大的人为性，而不是一种规律性。这也是法学必然会超越哲学、社会学视角从而发展出自身视角的原因。但是这种超越并不是一种完全的僭越，正如耶林（Jhering）名言“经由罗马法，超越罗马法”一样，法学视角也是“经由其他学科，超越其他学科”的。

哲学和社会学是基本的争论方向，也决定了人工智能中人的属性，即是理性人还是社会人。但是两者都是不容否弃的，也势必会走向一种相互交融的态势。法学是争论的场域，但会加入一些规范视角下的东西，如后文会提及的期待可能性等事物，其实都是将特定概念放入法学后自然发生变化的。毕竟人工智能的刑事责任的讨论是要讲求

---

① See J. Raz, *The Concept of a Legal System*, Oxford University Press, (1970). J. Raz, *Practical Reason and Norms*, Oxford University Press, (1975).

强制性和制裁的。当然这些讨论虽然场域是法学，但是基本的操刀者是刑法学者，所以刑法才是基本的进路。对此，后文将进入具体的刑法学讨论来点对点地展开讨论，分别从自然主义、社会意义、规范意义三个角度去具体探究人工智能与刑事责任理论的匹配程度。

二、自然主义的责任论

在刑事责任论的讨论中，自然主义的责任论重视率先出场，尽管在更多的时候，它都是作为被批判的立场而出现的。但是这并不妨碍我们将自然主义的责任论当作一种重要的责任论立场来讨论，厘清自然主义责任论的讨论也有助于我们为人工智能刑事责任的讨论“打扫好战场”。一般来说，自然主义的责任论可以分为两个方面，分别是结果责任论和心理责任论。本部分将分别讨论这两种理论。

（一）结果责任论

所谓结果责任论，即只要出现了不法结果，相应的行为人就要承担刑事责任。这一点十分类似民法中的无过错责任，即不考虑主观过错，只要出现结果即应当承担责任。但是相较于无过错责任又粗犷了很多，因为结果责任论下的责任，很多时候都不要求严格的因果关系，即只要出现了相应的结果，那么便可以相对应的去寻找责任人，而不考虑责任人是否有相关的行为。结果责任论比行为责任论有过之而无不及。行为责任论以犯罪行为为中心构建其刑法理论，强调注重表现于外部的行为及其实害，认为刑事责任的基础是表现于外部的犯罪人的行为，处罚犯罪人必须以客观行为及其实害为根据，以免造成认定犯罪的困难和肆意擅断，刑罚的量定应与行为及其实害相适应。“犯人内心之状况，非法律所能过问，必有外部行为影响到他人之利益，法律始可以加以干涉，此为客观主义。”

任何概念都是一定文化的承载物，刑事责任也概莫能外。“我们今天听起来觉得是理所当然的话语，罪责是犯罪的概念特征，无罪责即无刑罚，是一个很长的且当前仍然没有结束的发展结果。犯罪概念只是慢慢地吸收罪责特征于自身的；罪责学说的发展是衡量刑法进步的晴雨表。”①在漫长的历史演进过程中，结果责任论正是其较为原始、也较为落后的一支。比如，中国古代常常强调的保甲制度，以及与之相附随的连坐制度便是一种结果责任的体现，只要行为人出现了相关行为，那么就将相应的刑事责任扩及四邻乡里。除了连坐以外，对动物施加的刑罚也是一种结果责任的体现，古时中西方所讲的囚禁小鱼、对牛施加刑

① ［德］弗兰茨·冯·李斯特：《德国刑法教科书》，徐久生译，法律出版社2000年版，第266页。

罚都是此种体现。

由此可见，结果责任论是一个赤裸裸的落后产物。因此，随着人类文明的发展，结果责任论的衰落就是必然的。[①] 虽有百害，但是结果责任论是一种符合人类朴素的正义观念的责任论思维，以眼还眼，以牙还牙，这种说法的出现正是结果责任论合乎人们的朴素正义观的体现。如果将结果责任论与人工智能的刑事责任问题相结合，那么便绕开了人工智能的主体性的讨论，只是这种意义下的结果责任论，难道不是一种开历史倒车的表现吗？因此结果责任论的问题，仍需要慎之又慎。很显然，结果责任论也无法处理人工智能的问题，如此无异于掩耳盗铃，只是将问题进行盲目地排除罢了。

（二）心理责任论

德国学者格罗斯马赫（Glosmach）和罗森菲拉（Rosenfela）等以哲学上的自由意志为理论基础，从行为与行为人内部的心理关系来理解责任的实体。[②]

所谓心理责任论，就是对于不法结果存在故意或者过失等刑法所禁止的心态。心理责任论认为，责任的实体是

① 参见冯军：《刑法中的责任原则——兼与张明楷教授商榷》，载《中外法学》2012 年第 1 期。

② 参见徐立：《刑事责任根据论》，中国法制出版社 2006 年版，第 135 页。

行为人的心理关系，只要行为人在行为时存在某种心理事实就具有责任。基于心理关系不同，将责任分为故意和过失，行为在具有责任能力之外，还具有故意、过失时，就追究行为人的责任。这一学说在20世纪初占据统治地位。[①]这主要得益于当时心理学的蓬勃兴起，法学中与之相关的还有法感（Rechtsgefühl）以及恩斯特·比尔林（Ernst Berling）的心理学法学流派。当然，这也是当前人工智能技术发展努力的方向，就是让机器具备心理上的认知和意志。由此便涉及对刑事责任能力的讨论。刑事责任能力，简言之，就是对自己实施的犯罪行为有承担刑事责任的能力，其核心是辨认能力和控制能力。[②] 辨认能力和控制能力即指辨认自己行为的意义、性质、作用、后果并加以控制的能力。[③] 强人工智能是否具备刑事责任能力的关键就在于其是否具备辨认能力和控制能力。

辨认能力简单来说就是辨别是非的能力，控制能力是根据辨别是非的结果来决定哪些事情可为，哪些事情不可为。强人工智能拥有强大的算法能力，可以很轻松地辨别是非，再通过相应的程序做出反应。从这个意义上说，强

---

① 参见张明楷：《责任论的基本问题》，载《比较法研究》2018年第3期。

② 参见陈兴良等：《刑法总论精释（上）》（第3版），人民法院出版社2016年版，第379页。

③ 参见付立庆：《刑法总论》，法律出版社2020年版，第228页。

人工智能具有的辨认能力和控制能力很可能远超人类。但是，这种辨认能力和控制能力并非刑法意义上的辨认能力和控制能力。否则，当前的弱人工智能也可以根据算法辨别是非，并通过程序做出相应的反应，但是支持强人工智能具有刑法主体地位的论者恐怕也难以承认弱人工智能具有独立的刑法主体地位。例如，自动驾驶汽车可以辨认交通规则、路况信息等，并根据不同的情况做出相应的反应，但是如果自动驾驶汽车发生交通事故，并达到交通肇事罪的程度，我们是不可能将其认定为交通肇事罪的犯罪嫌疑人或被告人并追究其刑事责任的。这是因为，自动驾驶汽车的辨认能力和控制能力都是通过程序预设的，是在程序设计范围内的自动反应。

刑法意义上的辨认能力考察的是行为人是否具有认识能力，这是一种认识自己行为的内容、社会意义以及结果的能力；控制能力是根据认识能力支配自己实施或不实施某种行为的能力，考察的是行为人是否存在意志能力。① 以故意犯罪为例，《刑法》规定："明知自己的行为会发生危害社会的结果，并且希望或者放任这种结果发生，因而构成的犯罪，是故意犯罪。"据此，故意应当包含两个因素：

---

① 参见张明楷：《刑法原理》（第2版），商务印书馆2017年版，第283页；冀洋：《人工智能时代的刑事责任体系不必重构》，载《比较法研究》2019年第4期，第123－137页。

一是认识因素，即明知自己的行为会发生危害社会的结果；二是意志因素，即希望或放任危害结果的发生。[①] 这里的“明知”不仅需要行为人明知自己行为的内容和社会意义，还需要明知自己的行为会发生某种危害结果。[②] 强人工智能可以通过算法“辨认”外部事实，并通过相应的程序对自己的行为做出不同的“控制”，但是这种“辨认”和“控制”“只是由人类特定指令、符号组成的计算程序所引发的决定，它无法理解自己行为的外部意义或社会价值”。[③]

以电影《流浪地球》中的智能机器人 Moss 为例，其在“辨认”地球无法脱离木星的引力范围后，做出了将“领航者”计划转为“火种”计划的“控制”。这一“辨认—控制”的过程看起来是很完美的，但它同时意味着需要放弃地球及地球上的所有生物。刘培强在洞悉这一计划后打断了 Moss 的“控制”，将空间站推向木星并引爆，帮助地球成功逃离木星的引力范围。面对同样的外部问题，作为人类的刘培强和作为人工智能的 Moss 做出了截然不同的两种“控制”，这就是人类的辨认能力和控制能力与强人工智能

① 参见张明楷：《刑法学》（上）（第 5 版），法律出版社 2016 年版，第 252 页。

② 参见张明楷：《刑法学》（上）（第 5 版），法律出版社 2016 年版，第257－258 页。

③ 冀洋：《人工智能时代的刑事责任体系不必重构》，载《比较法研究》2019 年第 4 期，第 123－137 页。

的辨认能力和控制能力的差异。强人工智能或许可以根据自身算法和程序“辨认”外部环境，并做出最优“控制”，但这种最优“控制”是通过特定的程序或算法得来的，不一定符合人类的认知、情感、道德、社会价值等其无法理解的范畴。Moss 在电影中说了一句经典台词：“让人类永远保持理智，果然是奢望。”强人工智能或许可以永远保持理智，但这种“理智”“也只是在人为的干预下按照指令执行操作，即便人工智能技术继续发展，甚至能够脱离人类的控制，自主做出某种行为，但其仍然无法明白自身行为的意义”。[①] 理解自己行为的外部意义和社会价值，恰恰是“不理智”的人类所特有的。

或许有论者认为，以人类科学技术的发展情况来看，未来会有超越 Moss 的强人工智能，其可以认知自己行为的外部意义和社会价值，与人类无异。正如有学者认为的那样，“当智能机器人的‘智能’达到一定程度时，其所实施的行为就完全可能不受研发者或使用者的控制，此时智能机器人具有自己的辨认能力和控制能力，即拥有了行为的选择权，可以选择实施或不实施犯罪行为，此时若将智能机器人实施的严重危害社会的行为完全归责于研发者或使

① 刘晓梅、刘雪枫：《人工智能刑事责任的主体问题探析》，载《天津法学》2019 年第 2 期，第 22－27 页。

用者，并不妥当”。[①]

（三）自然主义的责任论之反思

总而言之，从自然主义责任论的角度出发，结果责任论和心理责任论似乎都不大可行。但是，如果从弱人工智能的角度来看，可以将其视为在一种辅助技术手段的前提下，部分地考虑结果责任论的做法。当辅助驾驶或者辅助医疗出现问题的时候，由于人工智能带来的故障其实类似于民法上所讲的产品责任，那么将这些事物以一种严格责任的样态包装于刑法领域，亦是部分可行的。至于将人工智能视为责任主体的做法，更是与结果责任和心理责任风马牛不相及。结果责任论不能用，这是违背人的尊严与法治精神的体现。因为结果责任论忽视主观要素，违背了罪刑责相适应原则，最终可能引起不妥当量刑。除此之外，对人工智能的刑事责任的施与，难以达成社会预防效果。退一万步来讲，如果真的有那么一天，人工智能的“奇点”来临，人类面临智械觉醒的危机，结果责任论还可能涉及对机器人权利的盲目否定，这是一种人类盲目自大的体现。这种思路与当下对于动物权利的讨论有着异曲同工之处。

① 刘宪权：《人工智能时代刑事责任与刑罚体系的重构》，载《政治与法律》2018 年第 3 期，第 89－99 页。

心理责任亦失之偏颇，与其承认强人工智能的刑事责任能力，并在此基础上重新设计一套刑罚体系，不如在强人工智能“拥有了行为的选择权”之前，就采取相应的措施使其无法产生“自我意识”（如删改程序、修改指令等）。倘若发现强人工智能已经开始拥有“行为的选择权”，研发者或使用者仍然不采取任何补救措施，从而导致强人工智能实施了严重危害社会的行为，对研发者或使用者当然可以追责，并无不妥。

三、社会意义的责任论

哲学和社会学对人的认识，引发了理性人和经验人的区分，也由此引发了刑事古典学派与刑事实证学派之间的学派之争。[①] 社会意义的责任论的讨论即属于后者的层面，对此又进一步区分为社会责任论和规范责任论。

（一）社会责任论

一般认为，犯罪是应受刑法处罚的行为，无行为则无犯罪。那么什么样的行为才会被规定为犯罪？对于这一问题的思考，学界出现了因果行为论、目的行为论、社会行

① 参见陈兴良：《走向哲学的刑法学》，北京大学出版社 2018 年版，第 51 页。

为论、人格行为论、规范行为论等学说，上述学说都有其自身的影响力，但均存在着或多或少的缺陷。从行为论的发展历程来看，“行为成立的着眼点依‘身体性’‘意思性’‘目的性’而至‘社会重要性’及‘人格性’的脉络而发展”。[①] 行为论的这个发展趋势表明行为观念中的物理因素、自然因素在逐渐减少，而规范因素、评价因素乃至社会价值因素在逐渐增多。事实上，行为论目前的趋势是，“纯粹的存在论的行为论与彻底的价值论的行为论都难以成立，而综合各个要素的复合行为论，或许更有说服力”。[②] 以正当防卫为例，如果单纯地考虑防卫行为物理因素或者自然因素，正当防卫显然没有成立的余地，该行为同样是对法益的一种侵害，应当受刑法处罚。但是，如果单纯地从评价层面或者社会价值层面出发考察防卫行为，就不应存在防卫过当。

德国学者罗克辛曾对刑法意义上的行为做过如下描述：“一个人事先实施了行为这种说法，就是对一个人必须能够把由他发生的一种事件或者一种不做作为他的行为而归责

① 方泉：《犯罪论体系的演变——自“科学技术世纪”至“风险技术社会”的一种叙述和解读》，中国人民公安大学出版社 2008 年版，第 130 页。

② 陈兴良：《教义刑法学》（第 3 版），中国人民大学出版社 2017 年版，第 90 页。

于他这个内容，进行了一种价值评价的结果。”[①] 我国学者据此指出：“行为是价值评价的结果。”[②] 笔者认为，这里的价值评价应当包含两个层面的含义，一是行为人对自身行为的价值评价，即行为人应当能认识到自身行为所产生的社会意义；二是社会规范的评价，即该行为是否具有社会意义以及具有何种的社会意义。

承接着这里关于行为人自身价值评价的说法，我们便来到了社会责任论的观点之中。得益于自然科学的发展。龙勃罗梭（Lombrose）以生物学方法研究犯罪人的生理特征，提出了“天生犯罪人”命题。[③] 此后，菲利（Ferri）、加罗法洛（Garofalo）、李斯特（List）等人又分别用社会学、统计学的观点，补充了龙勃罗梭的说法。社会责任论认为人可以自由选择行为，从而犯罪行为应当归责于为恶的意志，那不过是法学家们杜撰出来的神话。[④]

所谓社会责任论，是指行为人对于社会上普遍认为应受谴责之行为受到惩罚，这种说法多见于英美国家，同时

---

① ［德］克劳斯·罗克辛：《德国刑法学总论（第1卷）：犯罪原理的基础构造》，王世洲译，法律出版社2005年版，第133页。

② 陈兴良：《教义刑法学》（第3版），中国人民大学出版社2017年版，第72页。

③ 参见［意］切萨雷·龙勃罗梭：《犯罪人论》，黄风译，中国法制出版社2005年版。

④ 参见张智辉：《刑事责任比较研究》，五南图书出版公司1996年版，第55页。

是严格责任的理论基础。社会责任论引入了公民的期待这个概念，但是这个概念并没有与人工智能发生交叉。那么在这里就需要很好地补入一个公民的期待作为社会责任论的补充。公民对于人工智能承担刑事责任的期待应该被如何填充，有没有一些基本原理可以在其中扮演一定的角色呢？对此，可以结合科幻作品中的观点进行有效的认识。1942 年，阿西莫夫在短篇小说《环舞》（*Runaround*）中首次提出了“三定律”：1. 机器人不得伤害人类，或因不作为使人类受到伤害。2. 除非违背第一定律，机器人必须服从人类的命令。3. 除非违背第一和第二定律，机器人必须保护自己。后来，阿西莫夫又加了一条新定律：第零定律——机器人不得伤害人类整体，或因不作为使人类整体受到伤害。在阿西莫夫的科幻设定中，机器人“三定律”是植入到近乎所有机器人软件底层里，不可修改不可忽视的规定，绝不仅仅是“建议”或者“规章”。但是，显然这不是一个物理定律。那么对我们人类来说，这些定律有可能构成人们对机器人态度的一个基本看法，从而帮助人们构建出一种对机器人的刑事责任的期待。只是囿于时代限制，当下的科技发展尚不足以支撑人们在这方面的想象和发展，故而刑法学说也难以获得什么突破性进展。当下，强人工智能所产生的行为，实际上是对设计者或操作者程序或指令的反应，即使能在社会规范层面对该行为进行评价，也很难说强人工智能会认识到自身行为的社会意义。强人工智能可以通过算法“辨认”外部事实，并通过相应的程序对自己的行为做出不同的“控制”，但是这种“辨认”和“控制”“只是由人类特定指令、符号组成的计算程序所引发的决定，它无法理解自己行为的外部意义或社会价值”。[①]

（二）规范责任论

规范责任论则是将期待可能性彻底放在允许规范的一种做法，即只有具有期待的可能性，才应当承担刑事责任。这一理论由德国学者梅耶（Mayer）所提及，由弗兰克（Frank）创立，而后逐步发展为现代德日责任理论之说，并最终在中国开花结果。期待可能性包括行为人标准说（侧重于判断资料）、平均人标准说（侧重于判断基准）、法秩序标准说（侧重于期待主体）。三者各有优劣，也都只是把握了部分侧面，而不是完全的对立。[②] 在刑法领域，法律规范往往是以对法律关系主体的命令或禁止性要求来展现。就行为人而言，为了将刑事责任施加于他，仅仅要求其故意、过失的心理要素还不够，还必须能够期待行为人在具体情况下实施其他适法行为（具有期待可能性）。也即，只有行为人原

① 冀洋：《人工智能时代的刑事责任体系不必重构》，载《比较法研究》2019年第4期，第123－137页。

② 郝英兵：《刑事责任论》，法律出版社2016年版，第224页。

本可以不实施符合构成要件的不法行为，然而却实施了这种行为时，才是值得谴责的。

广义的期待可能性是指作为责任基础的期待可能性，即作为心理强制可能性的期待可能性。这种视角下的期待可能性是责任的基础。一个通俗的表达就是法不强人所难，因为如果法律规定的事情没有人能够做到，那么这种情形下的制裁也就没有任何依据，这便是从广义的期待可能性视角做出的判断。狭义的期待可能性被嵌入到主观责任能力之中，认为具有责任能力、故意及过失以及违法行为认识就值得非难，但是也有一些附随的异常情形导致一个人即使有了上述条件，也依然不能期待其做出其他合法行为。

我们如何将期待可能性与人工智能理论相结合呢？人工智能在大数据和元世界之中的展现可能会涉及一种期待可能性理论。人工智能在处理大数据方面有着天然的优势，我们可以将海量的数据比作一种广袤的数据空间，那么人工智能在这个空间中的运行就会存在多个最优解的可能，而随着数据库的不断扩充，其行为模式的选择又会有所不同。这就会产生一种对其的“同情式的”期待可能性，因为它的数据空间里当时不可能承载涉案以外的行为模式，那么人工智能不得已而从事了这样的一种不法行为。尽管存在一定的可行性，但是吊诡之处在于，德国的期待可能性理论已然衰弱。[①] 那么在我国的法律语境下再去开展讨论，实在是有点奇怪。因此，这一理论虽然在刑法中具有重要的地位，但是在人工智能领域却无法发挥更大的作用。

（三）社会意义的责任论之反思

社会意义的责任论问题所揭示的是一种对人类法律秩序的冲击。无论从何种角度来看，所面临问题都是特定的，即人工智能有没有刑事责任能力，能不能认识到自身行为的社会意义，社会又如何将社会影响赋予人工智能的行为呢？这些放在刑法责任论的思考之中，就会落到违法性认识、期待可能性等概念上。对此，刑法当然是无能为力的，因为强人工智能的奇点还远未抵达。因此，社会意义的责任论对待人工智能是一种矛盾的心情，如果将人工智能的刑事责任纳入其中，那么势必会对整个刑法体系产生巨大的冲击；如果将其拒之门外，那么面对类人形强智能人工智能，到时候人类又该保持一种怎样的态度呢？学术界在这方面所进行的畅想丰富多彩，但是冷思考是值得的，也是应该的，不应该用保持一种研究“法律与科幻影视”的跨学科思维来对待这件

---

① Vgl. C. Roxin, *Strafrecht Allgemeiner Teil*, Band 1, C. H. Beck, 4. Aufl., 2006, S. 857.

事，而是要认真对待人工智能本身。

四、规范意义的责任论

规范意义的讨论更具有现代性，也代表着德日刑法理论发展的最前沿思想。就此，规范意义的责任论分为功能责任论和沟通责任论，下文将分别论述之。

（一）功能责任论

功能责任论是法规范自我消解能力与公民对规范忠诚态度之集合，即所谓的积极的一般预防。它也被称为预防论的责任论，对刑罚功能的关注就是对刑罚预防犯罪目的的关注。该责任论认为，如果一般人能够实施其他行为的话（一般的其他行为可能性），那么应当说，行为人也应当能够采取合法态度，并从中寻找谴责的契机，以预防目的、特别是积极的一般预防目的对其加以补充。[1] 而雅科布斯则更极端，将目的作为责任的基础，并认为责任概念的内容完全由一般预防的目的所决定，有无一般预防的必要性就决定了行为人有无责任。[2] 就功能责任论而言，责任和预防具有同一本质，

---

① Vgl. C. Roxin, *Strafrecht Allgemeiner Teil*, Band 1, C. H. Beck, 4. Aufl., 2006, S. 558.

② Vgl. G. Jakobs, *Strafrecht Allgemeiner Teil*, Walter der Gruyter, 2. Aufl., 1993, S. 480 ff.

他们都是由行为人是否忠诚于法规范、在何种程度上忠诚于法规范所决定的。责任和预防只是同一个事物的不同侧面而已。行为人的行为模式选择是责任问题，同时也涉及其未来的行为模式选择，这同时是一个预防问题。

将功能责任论与人工智能问题相结合，就要了解人工智能与社会预防之间的关系。对犯罪后的行为人科以刑罚的目的之一是预防犯罪，包括特殊预防和一般预防。特殊预防是指防止犯罪人再犯罪，主要通过两种途径予以实现：一是对罪行极其严重的犯罪人适用死刑，彻底剥夺其再犯罪的可能；二是对犯罪人适用相应的刑罚，使其不能犯罪、不敢犯罪以致不愿犯罪。[①] 一般预防是指预防普通国民犯罪，主要通过对犯罪人的处罚威慑潜在犯罪人（消极的一般预防）或者唤醒和强化国民对法的忠诚、对法秩序的存在力与贯彻力的信赖（积极的一般预防）予以实现。[②]

如果承认人工智能的刑法主体地位，那么对“犯罪”后的人工智能科以刑罚的目的之一就是预防人工智能的犯罪，同样存在特殊预防和一般预防。特殊预防是为了预防“犯罪”后的人工智能再“犯罪”，一般预防是为了预防其他人

---

① 参见张明楷：《刑法学》（上）（第5版），法律出版社2016年版，第510－512页。

② 参见张明楷：《刑法学》（上）（第5版），法律出版社2016年版，第512－514页。

工智能“犯罪”。问题是对“犯罪”后的人工智能科以刑罚真的能达到预防犯罪的目的吗？对此很难做一个肯定的回答。

第一，对人工智能科以刑罚无法达到特殊预防的目的。如前所述，特殊预防主要通过适用死刑和其他种类的刑罚予以实现。但如何对人工智能适用死刑和其他刑罚，在当前的刑罚体系之下，这个问题是很难回答的，因此，大多数支持人工智能具备刑法主体地位的论者都提出构建新刑罚体系的观点。[①] 根据这些论者的观点，新刑罚体系的“刑罚措施可以总结为三类：一是针对程序的操作，如修改、删除（局部删除）、格式化（彻底删除）；二是针对实体的操作，如自由刑、劳役、销毁；三是财产刑”。[②] 先不论构建新的刑罚体系是否经济、是否合理，[③] 即使构建了新的刑罚体系，还应再回答这些刑罚措施的对象是什么？是人工智能本身？还是以人工智能为载体的程序？

如果认为刑罚的对象是人工智能本身，那么对其执行死

① 参见刘宪权、朱彦：《人工智能时代对传统刑法理论的挑战》，载《上海政法学院学报》2018 年第 2 期，第 44 - 51 页；王耀彬：《类人型人工智能实体的刑事责任主体资格审视》，载《西安交通大学学报（社会科学版）》2019 年第 1 期，第 138 - 144 页；蔡婷婷：《人工智能环境下刑法的完善及适用——以智能机器人和无人驾驶汽车为切入点》，载《犯罪研究》2018 年第 2 期，第 21 - 48 页；李兴臣：《人工智能机器人刑事责任的追究与刑罚的执行》，载《中共青岛市委党校·青岛行政学院学报》2018 年第 4 期，第 112 - 116 页。

② 王元勋：《刍议强人工智能的刑事主体地位》，载《福建警察学院学报》2020 第 1 期，第 87 - 94 页。

③ 事实上，承认人工智能刑法主体地位的学者只是一味地认为应当重构刑罚体系，但从不谈论重构刑罚体系的经济性、合理性等问题。

刑就是将其实体彻底销毁。但是，实体被彻底销毁后，原实体之上的程序依然可以载入新的实体，新的实体依然拥有原实体上的“犯罪”程序，并可以重新实施“犯罪”行为，因而无法达到特殊预防的目的。此外，劳役、自由刑等刑罚措施的目的是让人感到痛苦，人工智能作为非生命体，无法感知痛苦，对其科以劳役、自由刑等刑罚显然意义不大。而罚金刑最终仍然是转嫁到人类头上，根本达不到刑罚特殊预防的目的。

如果认为刑罚的对象是程序，那么通过修改程序、删除程序等技术手段或许可以剔除致使人工智能“犯罪”的部分程序。但是，修改程序、删除程序只要通过研发者或者制造者的技术手段就能完成，无须“劳驾”刑法。与其费尽心思为人工智能设计一套刑罚体系，不如在其“拥有了行为的选择权”之前就采取相应的措施，杜绝人工智能走上“犯罪”的道路。再者，修改程序和删除程序是个极为专业的工作，有时甚至只有人工智能的研发者或者制造者才能完成这一项工作，那么即使法院判决修改程序或者删除程序，恐怕也难以执行这一“刑罚”，即使允许法院委托第三方进行执行，法院也难以对第三方的执行进行监督。

第二，对人工智能科以刑罚无法达到一般预防的目的。刑罚的一般预防是针对犯罪人以外的人而言的，主要表现为威慑、安抚、教育。具体来说，就是威慑潜在的犯罪人不敢犯罪；安抚被害人及其家属的心灵；教育其他国民知法、守法。当然这样的划分并不是绝对的，对犯罪人科以刑罚同样可以威慑被害人及其家属不能采用违法犯罪的方式报复犯罪人或其家属。但无论威慑、安抚还是教育，都是心理层面的东西，与人类的情感息息相关。人工智能不具备这样的情感，很难说处罚一个"犯罪"的人工智能可以使其他想要"犯罪"或准备"犯罪"的人工智能产生恐惧心理，进而放弃犯罪。

有论者认为，对"犯罪"后的人工智能科以刑罚同样可以达到一般预防的目的。"一方面，在智能机器人实施犯罪行为的情况下，对智能机器人实施刑罚实际上能对被害人起到慰藉作用。……另一方面……对智能机器人处以刑罚不仅可以让其他具有辨认能力和控制能力的智能机器人'悬崖勒马'，还可以通过明确犯罪行为的性质，使一些具有独立意识、意志但又不知法的智能机器人自觉控制自己的行为，从而对智能机器人犯罪起到'防患于未然'的作用。"① 笔者认为这样的观点是值得商榷的。首先，对人工智能科以刑罚是否真的可以对被害人起到慰藉作用是值得怀疑的。以人工智能杀人为例，被害人家属愤恨的恐怕不是人工智能本身，而

① 刘宪权、朱彦：《人工智能时代对传统刑法理论的挑战》，载《上海政法学院学报》2018 年第 2 期，第 44－51 页。

是人工智能的研发者、制造者、销售者、使用者等主体。更进一步说，被害人家属愤恨的或许是人工智能这项技术。如此说来，将“犯罪”的人工智能彻底销毁又如何能做到慰藉被害人及其家属呢？其次，既然人类科技已经可以制造出具有“辨认能力和控制能力”的人工智能，那么完全可以将世界上的所有法律文件、法学专著、案件判例通过程序植入人工智能的“大脑”中，使所有的人工智能都“知法”，这并非是难事，而无须多此一举地通过一般预防的功能予以达到。

“人是具有自由意志的，对基于自由意志所实施的客观违法行为，能够进行非难、追究其道义上的责任，为追究这种责任，对行为进行报应的方法就是刑罚，刑罚是对恶行的恶果，以对犯罪人造成痛苦为内容；对犯罪人进行报应，可警告一般人，以期待一般预防的效果，刑罚以一般预防为主要目的。”① 人工智能不具有自由意志，其所实施的行为只是研发者、制造者或使用者意志的体现，无法追究其道义上的责任；人工智能无法感受到刑罚的痛苦，对“犯罪”的人工智能科以刑罚达不到警告其他人工智能的效果。功能责任论假定了国家超然于个人的地位（黑格尔），如果真是这样，那么国家在统领人类和人工智能的同时却不能对人工智能起到相应的预防功能，这便是功能责任论在面对人工智能时的

① 张明楷：《外国刑法纲要》（第3版），法律出版社2020年版，第9页。

棘手之处。

（二）沟通责任论

人工智能的发展经历了由弱人工智能到强人工智能的发展过程。目前我们所了解的“无人驾驶汽车”“外科手术机器人”尚属于弱人工智能阶段的范畴，但随着科技的发展，在不久的将来，人工智能发展的奇点即将来临，人类会迎来强人工智能时代。强人工智能时代的机器人具备了深度学习能力、新情景适应能力及成熟的感知机能，并与飞速发展的新材料及生物技术（运动追踪、模拟）相结合，这就意味着未来人类将创造出高度拟人化的智能机器人[①]。强人工智能时代的机器人在各个方面、各个领域都能与人类相契合，人类能做到的事他们也能做到。如此一来，人类能够实施的犯罪行为意味着智能机器人也可能实施，赋予智能机器人刑事责任主体身份具有重大意义。

沟通责任论是人与国家的沟通、商谈过程以确定刑事责任的做法，实际上是通过商谈的过程以共识的形式对人工智能的刑事责任进行规定的做法，以此来维系刑事责任的有责性和正当性。沟通责任论，也可以称之为商谈责任论，以真

① 吴汉东：《人工智能时代的制度安排与法律规制》，载《法律科学（西北政法大学学报）》2017 年第 5 期，第 128 – 136 页。

理共识论为基础来探讨刑事责任的根据问题。沟通责任论的展开，可以参考德国法学家罗伯特·阿列克西（Robert Alexy）的法律商谈理论来对与刑事责任相关的规范性命题做一回答。在其理论中，阿列克西通过设定一系列的形式规则来对商谈的过程进行了限制，这些规则包括基本规则、理性规则、论证负担规则，以及一系列的论述形式。[1] 商谈规则的特性有三：第一，商谈规则没有包含论断。出发点是参与者们各自现存的规范信念和利益解释。第二，商谈规则并未确定所有的论证步骤。第三，一系列商谈规则只能接近地满足。[2] 因此，商谈理论的优势便在于，把裁判的基础和一系列个别裁判的推导步骤留给每个有关的当事人来决定。[3] 但如此一来，商谈规则如何保证结论的正确性呢？其实答案很简单，商谈理论不是一个确定裁判的理论。不能确定裁判，并不意味着不适用或不能发挥其影响。应用商谈规则虽然不会在任何实践过程中产生肯定性，但可能会导致非理性存在相当的减少。商谈结论在由参与者的特征所决定的范围内，是相对的，而在其所依赖的商谈规则所界定的程序范围内则

---

① 参见［德］罗伯特·阿列克西：《法律论证理论》，舒国滢译，商务印书馆2019年版，第218－255页。

② ［德］罗伯特·阿列克西：《〈法律论证理论〉后记（1991）：对若干批评者的回应》，张青波译，载《法哲学与法社会学论丛》2008年卷，第174页。

③ 参见［德］罗伯特·阿列克西：《法律论证理论》，舒国滢译，商务印书馆2019年版，第22页。

是客观的。商谈性检讨虽然没有通往肯定性的领域，但也离开了纯粹意见和决定的领域。[1]

沟通责任论的意义在于，不用刻意探索人工智能的主体性地位，仅仅需要设计一套相关的讨论规则即可，至于最终的责任理论将是如何，则未可知。阿列克西的一整套形式规则是建构在人类形式理性的基础之上的。如果人工智能时代来临，除了前述的机器人三法则之外，也势必要有相应的机器伦理学的发展，从而充实到沟通责任论的商谈规则之中。但是，这些都是附随于科技的发展而发展的，时下的讨论并不足以充分展开。就以人工智能在金融领域的应用为例。智能获客、身份识别、大数据风控、智能投顾、智能客服、金融云等，都是人工智能大显身手的场合。但是，这些相较于未来的人工智能应用而言，还尚显稚嫩。所以沟通责任论面对人工智能的刑事责任问题，也很难给出一个确切的答案。

（三）规范意义的责任论反思

上述两者的讨论中，沟通责任论显得太空，没有提供实质性的责任论理论；而功能责任论又太厚重，其本身在人类

---

① ［德］罗伯特·阿列克西：《〈法律论证理论〉后记（1991）：对若干批评者的回应》，张青波译，载《法哲学与法社会学论丛》2008 年卷，第 177 页。

社会中尚处于一个被质疑的地位，又如何能为人工智能的刑事责任问题贡献更多的力量呢?[①] 但是，规范意义的责任论主要是讨论“谁具有主体地位”，在承认了国家的主体地位的时候，这是否可以消解人工智能主体地位之讨论带来的一些疑惑呢？但是归根结底，这种意义上的责任论启示我们，人工智能的刑事责任问题在于主体地位，关键在于把它承认为一个怎样的人，但这又是一个拟制问题，当然其背后亦有非人类主体在人类社会的地位问题。只不过，将人工智能比作动物是不合适的，这是对其的一种贬低态度，人工智能是人为创造出的一种“外星生物”。

“人是具有自由意志的，对基于自由意志所实施的客观违法行为，能够进行非难、追究其道义上的责任，要追究这种责任，对行为进行报复的方法就是刑罚，刑罚是对恶行的恶果，以对犯罪人造成痛苦为内容；对犯罪人进行报复，可警告一般人，以期待一般预防的效果，刑罚以一般预防为主要目的。”[②] 强人工智能不具有自由意志，其所实施的行为只是设计者、制造者或使用者意志的体现，无法追究其道义上的责任；强人工智能无法感受到刑罚的痛苦，对“犯罪”的

---

① 参见张伯晋:《刑法功能责任论的理论与现实之惑》，载《检察日报》2011年6月16日，第3版；张洁:《且缓确立功能责任论》，载《检察日报》2014年5月6日，第3版。

② 张明楷:《外国刑法纲要》（第3版），法律出版社2020年版，第9页。

强人工智能科以刑罚达不到警告其他强人工智能的效果。因此，综合对强人工智能行为、刑事责任能力和刑罚可罚性的分析，笔者认为，至少在传统刑法理论的框架之下，强人工智能不具有独立的刑法主体地位。然而，随着人工智能技术的不断深入发展，是否可以彻底颠覆传统刑法理论以承认强人工智能的刑法主体地位，此种可能并非是不存在的。从时下来看，作为一种拟制技术的人工智能责任，可以有效结合上述的责任论观点进行展开讨论，而不必拘泥于责任主体的讨论，不失为一种有效的讨论人工智能的切入点。

五、本章小结

刑事责任概念伴随着“责任”概念的发展，自然也就具有了多维度的丰富概念意涵。在整个讨论的氛围中，哲学和社会学是基本的争论方向，两者也在人工智能的人的属性这一问题上展开了长期的拉锯，论争人工智能究竟应当是何种主体。但是，两个方向的知识都是不容否认的，也势必会走向一种相互交融的态势。在这种知识讨论下，法学是争论的场域，但自然会加入一些规范视角下的东西，如后文会提及的期待可能性等事物，其实都是将特定概念放入法学后自然产生的变化。毕竟人工智能的刑事责任的讨论是要讲求强制性和制裁的。当然这些讨论虽然场域是法学，但是基本的操刀者是刑法学者，所以刑法才是基本的进路。我们从自然主义、社会意义、规范意义三个角度去具体探究人工智能与刑事责任理论的匹配程度，会发现人工智能与三个角度的刑事责任讨论都会存在一定程度的符合，这主要是因为这些不同的角度不过是抓着一个方向去开展深入的思考。那么事实上，在开展刑事责任与人工智能的契合度的讨论时，就一定不能将自己的思维限于通说或者主流观点，而是应该兼顾到多种责任论的可能性，作为复杂主体的人工智能，其复杂性势必也会反映为施予的刑事责任的复杂性。

第三章

人工智能刑事责任的前提条件

一、人工智能刑事责任的主体

责任又称“有责性”，是指对符合构成要件的不法行为的非难可能性。[①] 因此，对人工智能刑事责任主体的讨论实则为当人工智能在刑法层面产生有责性时应该归谁承担的问题，这也是当今人工智能领域刑法规制的核心问题之一。[②] 人工智能刑事责任的承担既涉及对人工智能本体论等方面的哲学思考，又与人工智能的发展程度密

① 张明楷：《刑法学（上）》（第5版），法律出版社2016年版，第240页。

② 周振杰：《人工智能领域的刑事责任主体与归责路径》，载《刑法论丛》2019年第4期，第2页。

切相关。目前学界以人工智能的行为是否在人类的设计编程范围之内设计出，将责任划分为人工智能承担和非人工智能承担。具体来说，若人工智能的犯罪行为是由程序设定引发，则应由相应的责任人承担责任；若人工智能通过自主学习而实施了犯罪行为，则应由人工智能本身承担责任。① 具体来说，其刑事责任主体可分为以下三种。

（一）人工智能的实际控制人

就人工智能如今的智能水平来说，大多数产品尚不具备进行独立思考与行为的能力。它们多属于工具性地存在，目的是对人类的生产生活起辅助作用。正如南京大学人工智能学院教授俞扬所说：人工智能作为一个工具，如何使用，目前来看决定权依然在人。因此，人工智能的危害结果固然不能单纯归咎于人工智能本身，人对人工智能的运行范围具有实质性的掌控权，对人工智能运行过程中造成的各种损害，其实际控制人理应承担相应的责任。

1. 人工智能的开关掌管人

人工智能给人类造成的严重伤亡事件要数“6·29 德国机器人杀人案”。2015 年，德国大众汽车制造厂中的一个机

① 参见刘宪权：《人工智能时代机器人行为道德伦理与刑法规制》，载《比较法研究》2018 年第 4 期，第 48 页。

器人杀死了一名员工，引发了人们对人工智能的担忧。随后经过调查，事故发生的原因是其他工人操作上的失误。在本案中，致人死亡的机器人的本职工作只是通过抓取或操纵汽车零件协助人类对汽车的生产，其本身远未达到拥有自主意识的智能程度。虽然它已经具备了危害社会的躯体要素并实施了剥夺他人生命的行为，但该行为并非基于其故意杀人的意思表示，而是完全依赖于其程序设计缺陷与工人的错误操纵。换言之，人工智能虽然通过智能系统发挥作用，但其本质仍停留在工具阶段，与传统的产品不存在差异。[①] 因此，在人工智能“工具论”的视角下，本案中的人工智能只是开关掌控人致人死亡的一种工具。

鉴于人工智能在现实中存在的危险性，对其开关掌控人进行规制对于保障人工智能的正确使用，避免其沦为行为人实施犯罪的工具与脱罪的借口具有重要意义。以此观点为出发，以人工智能为工具的犯罪行为中处于支配地位的仍是开关掌控人本身，因此让其承担责任不存在刑法上的理论困难。[②] 人工智能的罪责分析便回归到传统刑法案件分析，即对开关掌控人行为的分析思路之中。本案作为生产上的事故，

① 李晟：《略论人工智能语境下的法律转型》，载《法学评论》2018 年第 1 期，第 99 页。

② 姚万勤：《对通过新增罪名应对人工智能风险的质疑》，载《当代法学》2019 年第 3 期，第 12 - 13 页。

可以重大责任事故罪进行定罪量刑。如果是个人在操纵人工智能的过程中造成他人损害，则需要对行为人的主观过错与损害后果进行具体分析并定罪量刑。

2. 人工智能的紧急制动人

当前刑法学术界对人工智能紧急制动责任划分问题的讨论主要集中在自动驾驶汽车领域。所谓自动驾驶，是人工智能领域和汽车领域合二为一的相融合的产物，即深度学习的算法在汽车感知、决策和控制等方面的应用。[①] 无人驾驶与传统驾驶模式的区别在于人的参与程度不同，国际汽车工程师学会也据此将自动驾驶划分为 0 – 5 级六个级别，0 级的智能化程度最低，人类驾驶员在此不借助外力；1 – 4 级的虽然具备智能化水平，但在特殊情况下仍需要人的操作进行干预；5 级的智能化水平最高，驾驶过程不需要任何人类的辅助操作。如今的自动化驾驶技术无疑处于 1 – 4 级的中间阶段，其中既有智能要素，同时又离不开人在面临紧急状态时进行制动，人机共同操作的混合模式也是如今自动驾驶汽车在刑法学责任承担问题上纷争不止的原因。

将人机混合驾驶模式下的刑责如何承担这一问题讨论推向高潮的是 2019 年在美国发生的 Uber 自动驾驶致人死亡案。据报道，在本案中，智能汽车在撞击前 5.6 秒就已经发现行

---

① 刘宪权：《人工智能时代的刑法观》，上海人民出版社 2019 年版，第 139 页。

人但却将其错误识别为汽车，而车内的安全员在事故发生时因正在观看电视节目而未采取相关紧急制动措施，人工智能和操作员的共同失误导致了事故的发生。目前我国刑法中规定的交通肇事责任的承担主体，是违反交通运输管理法规的自然人，即规定了驾驶员在行车中的安全保障义务。在类似的案件中，在人工智能尚未完全智能化并彻底摆脱人类操控的情况下，车内人员仍承担一部分驾驶操作，其具有乘客与驾驶员的双重身份。在不同的智能等级下，驾驶员的操作范围有不同程度的区分，也承担着不同程度的安全义务，若驾驶员因过失未采取紧急制动措施导致损害结果发生的，理应承担相应的刑事责任。

3. 多个人工智能控制人情况

在弱人工智能阶段，人工智能刑事责任的主体实际是其控制人。因此，存在多个控制人的责任分配问题，在此需要根据不同行为人是否具有共同故意行为要分情况展开讨论。如果多个控制人对某一犯罪行为达成合意，则可以参照共同犯罪理论进行责任分配。在共同犯罪中，如果多人就同一犯罪目的达成合意并实施了相关行为，无论犯罪结果是由其中部分人导致，抑或由全体成员共同导致，参与犯罪的成员均需要对产生的结果承担刑事责任。例如，控制人 A、B、C 三人合意通过以智能汽车制造交通事故的方式杀害 D，三人分工协作，A 负责提供智能汽车，B 负责智能汽车的操控，

C 负责将 D 引诱至交通事故发生的计划地点，最终 D 因交通事故死亡，A、B、C 三人均需对 D 的死亡结果承担故意杀人的刑事责任。

第二种情况是从因果关系理论的角度对导致犯罪结果发生的行为进行规则。第一种情况是重叠因果关系，如机械臂控制者 A 与 B 在没有意思联络的情况下因各自的操纵失误共同导致了 C 的死亡，若缺乏任何一人的行为，C 的死亡结果均不会发生，即"A + B = 1"，在这个案例中，A、B 对 C 的死亡不构成共犯，但需按照各自过错的大小分别承担过失致人死亡的刑事责任。在第二种竞合的因果关系中，A、B、C 三人均存在操作失误，但其中任何一人的过失均足以导致 D 的死亡，即"A = 1 或者 B = 1 或者 C = 1"，在此种情况下，对 D 的死亡有直接影响的才能认定为具备因果关系。因此，在多人控制的人工智能责任分配中，不同成员之间是否具有共同的意思表示、是共同抑或择一地造成了危害结果的发生，都会对责任的分配产生影响。

（二）人工智能的供应链条主体

人工智能虽然具有一定程度的智能化，但其本质仍是人类的制造物，因此，在人工智能产品的设计、生产、销售乃至售后等流程中，不同环节对各自负责的产品具有安全保障义务是应有之义，也符合当前我国刑法的基本原理。目前，学术界对属于人类编程控制之下人工智能致损的责任认定的认识及态度是统一的，即由人工智能机器的研发者、设计者或使用者、销售者等相关主体承担责任。[①] 正如 John Frank Weaver 教授所言："当涉及人工智能的事故是由于产品缺陷造成的，如不正确的编程、不充分的指示、流通环节中的毁损或者其他与产品缺陷本身有关的原因，那么责任将会被分配给产品流通环节中的某个主体：设计者、制造商、销售商等。"[②]

1. 人工智能生产商

从人工智能的运作方式而言，目前的人工智能发展仍处于弱人工智能阶段，其行为仍在人类设计和编制的程序范围之内，并受人类编程的控制且符合人类设计和编程的目的。[③] 在此程度上，人工智能并不具备"人"的独立人格，其行为是人的思想意志的延伸，自身具备的仍是"工具性"而非"主体性"。即便在强人工智能乃至超人工智能阶段，智能设备具备了自主学习能力，但它在进入市场之前的生产目的、结构设计以及代码编程等前置性要素仍由其生产商决定。开

---

① 白玉杰、张昱：《智能社会中人工智能法律主体资格探析》，载《福州大学学报（哲学社会科学版）》2021 年第 5 期，第 26 页。

② ［美］约翰·弗兰克·韦弗：《机器人也是人——人工智能时代的法律》，郑志峰译，元照出版有限公司 2018 年版，第 36－37 页。

③ 刘宪权、胡荷佳：《论人工智能时代智能机器人的刑事责任能力》，载《法学》2018 年第 1 期，第 44 页。

关一旦开启，人工智能的运行甚至是自我学习都只是以前置性软硬件为基础的被动性接受。因此，无论智能产品的智能化水平如何，亦不论其自身具有“工具性”还是“主体性”，在本质上仍是人类设计制造的产品。生产厂商对其产品承担相应的安全责任符合我国现行法律的规定。

因此，人工智能生产商的责任承担应从其主观目的出发进行区分，若生产智能产品的目的在于从事违法犯罪活动，则生产该产品的厂商则构成故意犯罪。如果其生产智能产品属于正常的社会生产行为，只是因产品设计存在缺陷或不符合国家相关安全标准的，则需要根据具体情况对产品质量承担相关责任。目前我国《刑法》尚未对产品犯罪作出相关规定，但在《产品质量法》中规定了生产者对产品的安全保障义务，如其第四十九条规定：“生产、销售不符合保障人体健康和人身、财产安全的国家标准、行业标准的产品……构成犯罪的，依法追究刑事责任。”人工智能生产商的刑事责任承担是风险防控的表现，既能避免生产商直接将人工智能科技用于违法犯罪活动，同时又能督促生产商改进、完善自己的产品设计，消除产品安全隐患，使人工智能产品潜在的危险性降到最低。总而言之，对人工智能设备生产商的刑事责任划分既应考虑到其主观目的，同时也应以充分尊重客观的技术水平，只有这样才能保证刑法责任承担的公平公正。

2. 人工智能销售商

人工智能设备的生产商对其设备具有直接的产品安全责任，但并不意味着智能设备运行中的所有责任都应归结于生产商。除了人工智能设备的设计、生产之外，在投入市场运行的各个环节中，对人工智能的使用、性能有一定了解并承担一定安全保障义务的销售商也应成为责任承担的主体。目前，我国《刑法》中并没有直接与人工智能的销售有关的罪责规定，在当前人工智能仍处在“工具性”的发展阶段，对其工具性的定性对于销售商责任的定性至关重要。例如，我国《刑法》第一百四十条、第一百四十五条、第一百四十六条等分别规定了生产销售伪劣产品罪、生产销售不符合标准的医用器材罪以及生产销售不符合安全标准的产品罪等。在此，对销售商如何定罪量刑取决于具体案件中对人工智能商品的具体分析，如销售商售卖假货或质量存在缺陷的产品，抑或销售质量存在瑕疵的智能医疗器械等特殊商品，均可依照《刑法》分则中的相关罪名定罪处罚。

除了《刑法》中对销售商的刑事责任有所规定外，其他法律也对此做了补充。例如，我国《产品质量法》第五十条规定：“在产品中掺杂、掺假，以假充真，以次充好，或者以不合格产品冒充合格产品的，责令停止生产、销售……构成犯罪的，依法追究刑事责任。”再如，《消费者权益保护法》中对销售商的各项义务作了全面规定，尤其是第五十七条明确规定："经营者违反本法规定提供商品或者服务，侵害消费者合法权益，构成犯罪的，依法追究刑事责任。"总而言之，弱智能时代的人工智能并未显示出能够与普通商品相区别的特质，其产品质量等方面存在问题的，均可依照现行法律视情况由销售商承担相应的刑事责任。

3. 人工智能的售后服务者

目前刑法学界所讨论的应该对人工智能犯罪承担责任的主体多集中于生产商、销售商和使用者，事实上，结合现实中的复杂情况，其他对智能设备的详细情况有详细的了解，或者其他负有保障人工智能合理运行的主体也应该被我们关注，智能产品的售后服务者也是其中之一。虽然售后与经销商等提供的服务不同，但在实践中两者并没有主体界限的严格划分。例如，我国《消费者权益保护法》第八条规定，消费者有权要求经营者提供售后服务等。对违反售后服务应承担的责任，《消费者权益保护法》也有明确的规定，如第五十二条、第五十五条等分别规定了经营者提供的服务造成消费者财产损失，或者存在欺诈和缺陷的，需要承担相应的责任。此外，我国《部分商品修理更换退货责任规定》第六条和第七条更是分别详细规定了维修者以及由生产者指定的修理单位应该承担的义务。也就是说，售后作为另一种服务的提供者，目的在于改善产品存在的缺陷，恢复产品的功能。若因服务存在问题，或者因技术原因创造了新的缺陷，那么应该就因这一缺陷产生的损失等承担责任。

（三）人工智能本身

认为人工智能本身应该承担刑事责任这一观点来源于人工智能主体地位的肯定说，该学说承认人工智能产品的法律人格并赋予其刑事责任的主体地位。[①] 当然，这一观点的立足点是强人工智能乃至超人工智能的发展阶段，在这一阶段，人工智能已经可以通过学习进行人类设计的程序之外的各项活动。从该观点出发，人工智能的刑事责任应归属智能产品本身而非自然人。将人工智能视为刑事责任主体具有理论与现实的紧迫性，这是所有人工智能法律关系的先决问题。[②]

1. 人工智能自身具有完全的决定权

从刑法理论层面来说，意志自由问题是责任论的基础，没有意志自由就没有选择，没有选择就没有责任。[③] 人工智能的自由意识是它具备完全决定权，进而是其承担刑事责任的基础。目前，人们以人工智能是否具有意识为标准，将其发展阶段划分为对外界无感知的 1.0 时代、对外界环境有感

---

① 参见江溯：《人工智能作为刑事责任主体：基于刑法哲学的证立》，载《法制与社会发展》2021 年第 3 期。

② 朱凌珂：《赋予强人工智能法律主体地位的路径与限度》，载《广东社会科学》2021 年第 5 期，第 242 页。

③ 张明楷：《刑法学（上）》（第 5 版），法律出版社 2016 年版，第 244－245 页。

知的2.0时代以及对外界有认知并具有推理和决策能力的3.0时代。[①] 在强人工智能甚至在超强人工智能时代，人工智能会像人类一样拥有人类智能。在20世纪50年代，数学家、逻辑学家艾伦·麦席森·图灵便提出针对人工智能的图灵测试，即通过多次测试，如果机器让每个参与者的平均误判率达到30%，便可以认定机器具有人类智能。换言之，机器已经具备了欺骗人类的思维能力。在此趋势下，人工智能的智能程度将无限趋近人类甚至会超过人类。

当人工智能发展到一定程度，其思维能力与逻辑已经不再局限于人类设计之初所设定的代码程序，而是具备反思与自主学习能力。这种学习能力是建立和改善算法的过程，它们的存在也使人工智能不再仅按照人类下达的指令来运行。[②] 人类甚至不能再依靠自己设计的代码预测人工智能的决定，其决定也不再符合人类设计代码之初的目的。从法律意义上来说，人工智能将具备"自主意识"，这既是赋予其法律人格的必要条件之一，也是其是否具备法律人格的判断标准。[③] 由此，从法律意义上来说，人工智能将实现从"计算工具"

---

① 刘宪权、胡荷佳:《论人工智能时代智能机器人的刑事责任能力》，载《法学》2018年第1期，第43页。

② 孙占利:《智能机器人法律人格问题论析》，载《东方法学》2018年第3期，第14页。

③ 孙占利:《智能机器人法律人格问题论析》，载《东方法学》2018年第3期，第15页。

向“人”这一法律主体的转变并具有完全的决定权，因此也便具有承担刑事责任的理论可能性。

2. 人工智能可以排除所有的人类干预

人工智能应该承担刑事责任的另一理由在于其运算与决策的封闭性与自主性，即对人类干预的排除，这主要体现在两个方面：一方面，从其论证或推理方法的角度而言，人工智能与人有着本质区别，前者的推理和判断有其自身的代码逻辑，在这种高度“理性化”的推理模式下，人工智能的行为均依赖于代码运算，杜绝了人类干预的可能性。也就是说，人类在智能设备设计完成时，它已经具备了自身行为的逻辑，正如之前人们所讨论的司法智能机器人一样，在当事人将具体案情输入后，智能机器将依照自身逻辑得出判决，人类不可能对此过程施加外在的社会因素等影响。另一方面，随着人工智能发展水平的不断提高，我们将不可避免地步入强人工智能甚至超人工智能时代，该时期人工智能的特点是将具备像人一样甚至是超越人类的思维能力。届时，人工智能除了拥有自己的独立意志之外，还会通过自身的学习能力创造出人类不可知的行为依据，即算法黑箱的存在。与弱人工智能时期相比，此时的人工智能不仅不会受到人类干预，而且其深度学习的算法甚至会让人类在客观上不能干预。这种人工智能几乎可以与人类同等甚至优于人类，他们能够而且应该拥有道德，[①] 只有拥有了人工道德，才可因此受到责难并承担相应责任。[②] 总而言之，人工智能的算法程序及随后强人工智能的学习能力决定了人工智能对人类干预的排除，使其能够像自然人一样具备独立思考的能力并具备机器道德，进而当其违反机器规范并造成严重后果时，应承担相应的刑事责任。

二、人工智能刑事责任的行为前提

刑法学界认为，界限功能是行为的作用之一。[③] 这意味着，任何举动如果不是行为就不具备刑法上的考察意义，更不可能产生刑事责任，即没有行为就没有犯罪。在这一点上，人工智能与自然人抑或社会组织没有区别，也没有行为，它们就是人类创造的一堆静态物质，就谈不上造成危害，更不可能承担刑事责任。因此，人工智能承担刑事责任的前提必须为实施了某种由法律规定的能够引起刑事责任的行为。

（一）实施了刑法所禁止的行为

根据当前学术界观点，刑法的渊源可分为刑法典、单行

① 周振杰：《人工智能领域的刑事责任主体与规则路径》，载《刑法论丛》2019年第4期，第3页。

② 刘宪权：《人工智能时代机器人行为道德伦理与刑法规制》，载《比较法研究》2018年第4期，第43页。

③ 张明楷：《刑法学（上）》（第5版），法律出版社2016年版，第140页。

刑法和附属刑法三种。所谓刑法典，是指国家以刑法名称颁布的、系统规定犯罪及其法律后果的法律；单行刑法是指国家以决定、规定、补充规定、条例等名称颁布的规定某一类犯罪，及其法律后果或者刑法的某一事项的法律；附属刑法则是指附带规定于民法、经济法、行政法等非刑事法律中的罪刑规范。[①] 虽然三种刑法渊源的表现形式不同，有的甚至存在于其他部门法中，但从刑法渊源的角度出发，其中与刑法相关的规范都属于刑法。因此，刑法所禁止的行为既包含对刑法典的违反，也包含对单行刑法和附属刑法的违反。

在刑法理论体系中，行为是犯罪构成的要件之一，它具备以下特征：首先，行为是指外在的身体活动，包括积极行为和消极行为。它一方面意味着仅存在犯罪思想不能成为刑法归责的事由，而是要付诸身体的行动；另一方面，积极的作为与消极的不作为均可成为刑法归责的理由。其次，刑法中的行为是一种侵犯了法益的行为，没有侵犯法益的行为不具有刑法上的可责性。最后，行为的实施基于行为人的意识，即行为人对行为存在故意或过失心理，这将梦游、条件反射等无意识行为排除在刑法意义上的行为之外。总而言之，刑法典所禁止的行为与普通意义的行为不同，其内含外在的身

① 张明楷：《刑法学（上）》（第5版），法律出版社2016年版，第16－17页。

体活动、主观意识、实害结果等诸多要件，只有满足了这些条件，才是刑法所禁止的行为。目前，我国刑法并未直接对人工智能作出相关规定，因此，笔者无法列举刑法对人工智能的规定有哪些。从广义的层面来说，当强人工智能具备了“主体性”后，刑法中所禁止的行为均在人工智能应该遵守的范围之内。总之，没有危害行为一定不可能构成犯罪，[①]人工智能承担刑事责任的前提之一是实施了刑法规范所禁止的行为。

（二）造成了结果

人工智能承担刑事责任的另一个前提是造成了结果，虽然行为主体实施了刑法禁止的行为，但没有造成结果，亦不具有刑法上的可责性。刑法中的结果与传统观念的结果不同，根据刑法理论的通说，刑法中的结果是一种对法益的侵害或侵害的危险。[②] 这意味着，刑法中的结果存在双重含义：其一，造成了法益的侵害。例如，A 持刀以杀人的故意将 B 刺死，B 的生命权受到侵害，这是第一种意义上的结果。其二，造成了某种危险。同样是 A 持刀以杀人的故意刺 B，B 进行躲闪并及时逃脱，虽然 A 没有造成 B 死亡的结果，但却给 B

---

① 张明楷：《刑法学（上）》（第 5 版），法律出版社 2016 年版，第 140 页。
② ［日］平野龙一：《刑法总论 I》，有斐阁 1972 年版，第 118 页。

带来了危险状态，这是第二种意义上的结果。第一种造成法益侵害结果的行为被称为实害犯，第二种造成危险状态的行为被称为危险犯。因此，结果的存在将违反刑法规范但没有造成结果的行为排除在处罚的范围之外。

（三）行为与结果之间存在因果关系

罪责自负是我国刑法的基本原则之一，其意义为，一个人只能对自己的危害行为及其造成的危害结果承担刑事责任，[①] 因此，如果一个人要对某种结果负刑事责任，就要确定该结果与其行为之间具备因果关系，因果关系理论要解决的是由结果产生的责任应如何承担的问题。我国传统刑法认为，因果关系是人的危害行为与危害结果之间的因果关系。[②] 目前学界对因果关系的看法存在分歧，如有学者主张，因果关系是一种引起与被引起的关系，这种关系是客观的且不以人的意志为转移，因此，因果关系是事实意义上的因果关系。[③] 另有学者认为，事实因果关系的界定存在较大的模糊性和随意性，因此主张刑法规范意义上的因果关系。[④] 无论

---

① 高铭暄、马克昌主编：《刑法学》（第9版），北京大学出版社、高等教育出版社2019年版，第73页。

② 刘冕、康均心：《刑法因果关系的立场本质和判断方法》，载《社会科学家》2021年第4期，第101页。

③ 参见张明楷：《刑法学（上）》（第5版），法律出版社2016年版，第174页。

④ 参见刘宪权：《涉人工智能犯罪中的归因与归责标准探析》，载《东方法学》2020年第3期，第68页。

是事实意义上的因果关系还是规范意义上的因果关系，两者均强调了行为与后果之间的逻辑关系，只有搭建起因果关系的逻辑桥梁，才能做到正确的责任归属。

三、人工智能刑事责任对因果链条的扩张

我国刑法所讨论的因果关系，是指危害行为与危害结果之间的一种引起与被引起的关系，其中起因是危害行为，被引起的是危害结果。[①] 人工智能既具备工具性，又具备智能性，如果其参与进违法犯罪行为之中，将会对因果关系理论产生新的影响。

（一）因果关系的理论嬗变

刑法中的因果关系学说众多，各派林立。就横向比较而言，不同法系乃至国家对刑法中的因果关系理论有自己的看法，德国的因果关系条件说、修正的条件说及日本的相当因果关系说等不同派别充实了因果关系理论的内容，促进了因果关系理论的发展。

1. 因果关系条件说

因果关系条件说认为，行为与结果之间存在“没有前者

① 张明楷：《刑法学（上）》（第5版），法律出版社2016年版，第174页。

就没有后者”的条件关系时，前者就是后者的原因。[1] 具体而言，在多种条件造成危害结果时，所有的条件均具有等值性，均是造成结果的原因。[2] 条件说的这种立场招致了诸多批评：首先，会扩大处罚的范围。例如，A 以伤害的故意对 B 实施打击行为，B 在前往医院的途中掉下山崖摔死，根据条件说的理论，A 的伤害行为与 B 的死亡结果存在因果关系，A 应该对 B 的死亡承担责任。但在事实上，A 并不具备故意杀人的故意，手段更未达到过失致人死亡的严重程度，将 B 的死亡结果归因于 A 扩大了刑罚的范围，于情于法均有不合理之处。其次，条件说并不利于查明因果关系，这种观点又被称为条件说无用论。该观点认为，条件说的因果关系来自经验上的日常关联，当案情复杂、影响案件结果的因素众多或者因果关系不明时，条件说无助于因果关系的查明，也无助于刑事责任的划分。

2. 修正的条件说

针对条件说存在的理论缺陷，原因说和合法则的条件说等以条件说的理论为出发点，对其存在的缺陷进行了完善和修正。

原因说的提出是为了解决上述条件说所存在的等值性缺

① 张明楷：《刑法学（上）》（第 5 版），法律出版社 2016 年版，第 175 页。

② 郑泽星：《刑事归因与归责：以修正的条件说为重心的考察》，载《法学评论》2020 年第 3 期，第 85 页。

陷，即它主张设置一定的规则或标准并从中挑选出应该作为原因的条件，这种原因与结果才具有因果关系。[①] 该主张认为，只有在案情中对结果发生起到有效作用或者对案件发生具有促进因素的条件才能与危害结果之间具有因果关系。因此，在该理论之下，人们需要在不同因素中挑选出一个对危害结果具有因果关系的行为，但是不同学者对于判断的标准有不同看法。例如，有观点主张以时间作为判断标准，与危害结果最近的条件对结果具有因果关系；有的观点则主张对结果发生提供最有力支持的条件对结果具有因果关系；亦有观点主张将对案情发展具有改变作用的异常因素作为结果发生的条件；等等。修正条件说的局限性在于，虽然学者们在原有条件说的基础之上对条件的选择进行了标准上的限定，但是不同立场的学者难以就标准达成一致意见。不同的标准选择在同一案件的因果关系认定中会产生多元化结果并造成理论与实践上的混乱。

合法则的条件说同样是条件说的变体，该学说仍以条件说为前提，即认为对结果有作用的条件具有等值性，但其改进之处在于以特定法则为连接，正面判断从行为到结果的因果关系。[②] 换言之，合法则的条件说不再以“没有该行为就

---

① 张明楷：《刑法学（上）》（第5版），法律出版社2016年版，第176页。

② 郑泽星：《刑事归因与归责：以修正的条件说为重心的考察》，载《法学评论》2020年第3期，第86页。

不会有该后果”作为因果关系判断的思路，而是将自然因果关系与社会因果关系纳入案件考量之中。具体而言，其方法分两步：第一步是对一般性的因果关系进行判断，该判断的依据是自然界的合法则关系，条件与结果之间存在因果关系是进行第二步判断的基础；第二步是对案件做社会因果关系的考察，其中依据的是社会科学法则。与自然法则不同的是，社会科学法则一般以具备主观意识的人类活动的取向为前提。因此，合法则因果关系中的“合法则”既不是条件说的逻辑关系，也不是生活经验，而是以当今的知识认知水平为标准，其中的因果关系必须能够给被当今的科学知识理解，否则就不能认定其具有因果关系。

3. 相当因果关系说

传统的相当因果关系说认为，根据一般社会生活经验，在通常情况下某种结果被认为与某种行为是相当的，便认为行为和结果之间具有因果关系。[①] 因此，相当因果关系说中的“相当”一词强调一种正常的一般情况，在原来条件说的基础之上，增加了一种“相当性”的前提。相当因果关系的提出是为了解决条件说中范围过宽的问题，因此它采用一种概率论的方法来对其进行克服。[②] 目前在我国刑法学界，对

---

① 张明楷：《刑法学（上）》（第5版），法律出版社2016年版，第176－177页。

② 张小宁：《相当因果关系说的兴盛与危机》，载《东岳论丛》2014年第8期，第158页。

于相当因果关系说存在事实的相当因果关系与规范的相当因果关系存在两种看法。在前者看来，相当因果关系理论的出发点立足于事实，通过判断事实发生大小的概率来决定是否存在因果关系。比如，A 被 B 持刀捅伤后前往医院就诊，若在路上因出交通事故致死或者因流血过多致死，那么从相当因果关系的角度出发会得出不同结果，因为被刀捅伤后再出交通事故的概率要低于因流血过多死亡，所以目前在实践中往往将前者视为异常介入因素而否定两者之间的因果关系。立足于事实层面的相当因果关系存在的问题是，因果关系存在模糊性的问题，因而相当因果关系说经历了从事实相当向规范相当的转变。

相当因果关系中的规范性考量主要体现在三个方面：首先，心理需要进行规范性判断。这是因为在涉及人类心理时，以概率作为因果关系的判断不能得到人们的认可，更无法进行准确的概率分析。比如，学生在遭受校园暴力后自杀身亡，校园暴力在多大概率上对自杀行为产生影响无法得到概率性的判断。因此人类的心理活动需要采用规范性的因果关系判断。其次，相当因果关系的概率需要规范判断。如前所述，人们认为的“相当”一般指向发生概率的大小，具体来说，对究竟达到何种概率才能说是“相当”并具备因果关系难以进行回答。例如，有学者认为，只要概率达到百分之五十就可以认为具备相当性。[①] 但事实上，这种概率大小难以通过具体数值进行比较，人们对概率大小的判断仍然来自经验并且在其中掺杂了价值因素。最后，异常因素的介入需要进行规范性判断。复杂案件中影响案件的因素繁杂，需要从中挑选出重要的原因，用以回答何种因素对行为人的行为具有因果关系。总之，与事实的相当因果关系不同，规范的相当因果关系说，强调根据经验法则来判断可能性，判断与案件结果有关的各种条件并认定出与案件结果相当的条件。[②]

（二）人工智能作为犯罪工具

随着人工智能的不断发展，其形态将不断增多，功能也将不断丰富，如果作为工具参加犯罪行为，将会对违法犯罪的案件形态产生重要影响。以人工智能作为犯罪工具的因果关系，判断需要对人工智能的犯罪行为与危害结果之间进行因果关系的认定。比如，在自然人与人工智能的共同参与下，因果关系应该如何认定？抑或，当两个或两个以上人工智能主体共同参与犯罪活动时，不同人工智能主体与犯罪结果之间的因果应该如何认定？这些新情况的产生无疑给我们带来更多新的思考。

---

① ［日］浅田和茂：《刑法总论》，成文堂2007年版，第136页。

② 陈文昊：《相当因果关系理论的规范化考察》，载《辽宁师范大学学报（社会科学版）》2018年第5期，第28页。

1. 等值理论的合理性是否回归?

等值理论（Aquivalenztheorie）源于德国，因其认为在刑法的因果关系中，所有条件都具有同等价值，因此又被称之为条件说。[①] 人工智能参与的犯罪行为的因果关系如何认定，应该结合这类案件的特征展开。笔者在上文已经论述，人工智能与自然人主体的不同之处在于：其设计、生产到投入使用涉及设计商、生产商、使用者以及售后服务商等诸多环节。这些特征使我们必须要对传统的因果关系理论进行反思。根据条件说的观点，如行为 A 与后果 B 符合“若非 A，则非 B”的逻辑关系，则认定 A 与 B 之间存在着因果关系，这会造成一种结果：当人工智能犯罪时，所有与人工智能的生产、销售、使用等环节有关的自然人均与案件结果有因果关系。条件说无限地拓宽了因果关系的范围，[②] 将造成刑罚的滥用，与刑法的基本原理不符。鉴于人工智能犯罪的情况的复杂性，以及每个人对影响案件结论的原因有不同的标准和看法，原因说、合法则说和相当因果关系说也将具有更大的模糊性和随意性，因此我们必须要立足于人工智能的特征寻求合适的

---

① ［日］大塚仁：《刑法概说》，冯军译，中国人民大学出版社 2003 年版，第 160 页。

② 马克昌：《比较刑法原理——外国刑法学总论》，武汉大学出版社 2015 年版，第 187 页。

因果关系认定方法。[1]

人工智能犯罪复杂，其中牵涉众多因素。以智能驾驶为例，若智能汽车发生交通事故，可能是由生产商、销售商、所有者乃至驾驶者等多方因素共同导致，传统的因果关系理论在因果关系认定上更具有复杂性。在各种因果关系理论都面临复杂困难的局面下，等值理论能否回归要看在面对此类问题时是否有改进的空间。既然它的缺点是追责范围过宽，那么在条件说的基础上进行新的合理限定是一种可取的途径。例如，有学者在条件说的基础提出了双重筛选的条件说。双重筛选的条件说是在条件说的基础上，吸取客观归责理论的合理成分而建立的因果关系认定标准。[2] 两者的结合既避免了原因说和相当说中存在的随意和模糊缺陷，同时又缩小了条件说的范围限制。具体来说，双重筛选的条件说分为两步：第一步，将条件说的事实因果转化为刑法规制的规范性因果，即不再将所有事实上引起结果的条件都视为原因，仅考虑刑法规范中所禁止的某类行为。换言之，第一步筛选将因果限定为引起结果发生的原因以及由刑法规范规制的结果。第二步筛选是对“原因”和“条件”的区分。例如，血友病人被

① 刘宪权：《涉人工智能犯罪中的归因与归责标准探析》，载《东方法学》2020年第3期，第68－69页。

② 刘宪权：《涉人工智能犯罪中的归因与归责标准探析》，载《东方法学》2020年第3期，第69页。

人伤害流血致死，死亡结果由血友病本身体质和外在伤害共同造成，但是如果没有外在伤害，血友病人就不会死亡。因此不再将血友病与外在伤害共同视为死亡结果的因果关系，而是血友病为伤害致死提供了“条件”，而非“原因”。所以在本案例中，伤害行为与血友病人的死亡具有因果关系，第二步筛选正是将条件从众多因素中剥离出来，选择出具有因果关系的原因。因此，在人工智能逐渐发展的今天，因其中的案情因素纷繁复杂，相当论等后来居上的因果理论也将面临更多的困境，因此，条件说仍有其存在的理论基础性价值，在对其范围进行限制之后仍能为我们提供一种合理的理论。

2. 借助人工智能工具的行为人支配力增强

人工智能作为新兴的科技，其适用范围必将越来越广，功能也越来越丰富。因此，随之而来的是，人工智能作为犯罪工具中的复杂问题。传统的犯罪工具仅仅是以一种客观的工具性存在，当行为人支配工具时对工具具有绝对完全的控制性，当工具脱离行为人时，便不再不具备危险性。也就是说，工具性的人工智能改变了传统犯罪工具的性质与作用，也因其具有自主的意识与行动能力，即使其脱离行为人的支配，仍具有实行犯罪行为的可能性，其中又包括形式化应对和经验化应对两种路径，[1] 前者是指人工智能根据自身编码程序展开的逻辑推演，后者则是指人工智能根据以往的行为经验做出的相似行为。由此造成的结果是，空间、时间不会再成为行为人对人工智能进行支配的阻碍。也就是说，传统的犯罪工具如果在空间上与行为人产生了隔阂，或者在时间上失去了连续的危险状态，那么行为人便失去对工具的支配力。以人工智能作为犯罪工具的行为人对工具的支配力将不再受时间与空间的限制。在行为人的设计之下，即使人工智能在空间上脱离了行为人，抑或其危险性不具备连续性，但仍不能排除行为人的支配力。可以说，以人工智能作为犯罪工具消除了行为人对工具在时间和空间上的障碍，加强了其支配力。

（三）人工智能作为犯罪主体

目前在我国学术界，人工智能的犯罪主体问题仍存在争议，就弱人工智能而言，学术界认为其不具备主体的资格，而将人工智能作为犯罪主体所针对的对象是强人工智能甚至是超人工智能。因此，本部分对自然人责任能否阻断也是以强人工智能乃至超人工智能作为考察对象。

---

① 程承坪：《人工智能：工具或主体?》，载《上海师范大学学报（哲学社会科学版）》2021 年第 6 期，第 9 页。

1. 是否可以阻断实际控制人或供应商的责任?

将人工智能作为犯罪主体能否阻断控制人或供应商的责任这一问题绝不能简单地做出“是”或“否”的回答，必须要对其中所面临的复杂情况进行具体分析，应该通过现有刑事归责原理，按照具体行为方式以及主观罪过形式，分别追究人工智能背后责任人的故意或过失刑事责任。[①] 如前所述，人工智能作为人类设计的产品从设计到投入使用离不开人的参与，从因果关系理论的角度出发，能否阻断实际控制人或供应商的责任分为两个层面：一方面，意味着能否阻断控制人和供应商与危害结果之间的因果关系；另一方面，虽然具有因果关系，但是否应当将危害结果归因于行为人。第一方面中的因果关系认定笔者在上文已经有所论述，在此不做过多赘述。第二方面，在具备了因果关系后，能否将后果归于行为人要看其实施行为时的主观情况，如果存在故意或者过失的主观过错，则无论是实际控制人还是供应商均应对其主观过错承担相应的责任。

2. 是否可以作为意外事件阻断所有的因果关系?

刑法中的意外事件，是指虽然造成了损害结果，但不是

① 刘仁文、曹波：《人工智能体的刑事风险及其归责》，载《江西社会科学》2021 年第 8 期，第 143 页。

出于故意或过失，而是由于不能预见的原因引起的事件。[①] 在刑法理论中，意外事件也并不能够阻断所有的因果关系。原因在于，意外事件虽然可以免除行为人的刑事责任，但并不能否定因果关系的存在。换言之，行为人要承担刑事责任，需要在具备因果关系的基础之上具有主观方面的故意或过失，将人工智能作为意外事件并不能阻断客观存在的因果关系。以智能汽车为例：A 乘坐智能汽车在高速路上行驶，B 突然翻越高速护栏并闯入机动车道，与 A 乘坐的智能汽车相撞，B 因伤势过重死亡。在本案中，A 乘坐智能汽车的行为与 B 的死亡之间毫无疑问存在因果关系，但是 B 突然闯入高速路并与 A 的车辆相撞，超出了 A 的认知范围，A 对此并无主观过错。因此，A 不对 B 的死亡承担刑事责任。

四、本章小结

人工智能的发展给刑法学界带来了诸多需要思考的问题，这些问题既包括对人工智能本体论的思考，即它能否成为刑事主体并承担相应的刑事责任；亦包括对刑法基础理论领域如因果关系等的思考，即当人工智能实施犯罪行为后自然人应如何分配责任的问题。人工智能的犯罪问题考量与自然人

① 张明楷：《刑法学（上）》（第 5 版），法律出版社 2016 年版，第 289 – 290 页。

犯罪不同，一方面，人工智能由人类制造，从设计到投入使用涉及不同的阶段和责任群体；另一方面，人工智能的性质也存在特殊性，它既不同于自然人，也不同于传统犯罪中作为纯粹工具的物。对人工智能犯罪问题的讨论应结合人工智能的复杂情况，其中既包括人们对不同智能程度的人工智能性质的不同认定（比如，人们对弱人工智能、强人工智能和超人工智能的主体问题存在不同看法），也包括人工智能实施犯罪行为的内在与外在的诱因（例如，作为犯罪工具的人工智能受自然人支配抑或内部程序引发的犯罪行为）。对人工智能犯罪的考察仍然需要基于现有刑法的基本理论展开，犯罪行为与危害后果仍是考察案例的基本框架，因果关系仍是归责的重要方法。只有结合人工智能的具体情况，对当前刑法中的基础理论进行讨论和反思，才能设计出适合人工智能犯罪的合理理论。

第四章

人工智能刑事责任的归属路径

一、概述

（一）目前的争议

毫无疑问，人工智能已经应用到人类生活的方方面面，其所引起的风险和隐忧也日益明显。[1] 2017 年以来，刑法学界关于人工智能的研究成

① 程凡卿：《我国司法人工智能建设的问题与应对》，载《东方法学》2018 年第 3 期，第 119 页。

果急速增长。[①] 那么，在诸多研究当中，本书认为，最重要的乃是责任归属问题，即当人工智能造成法益侵害或规范违反时，该如何进行责任归属？

目前关于人工智能的刑事责任能力的探讨大概可以分为以下两种路径：第一，人工智能或其他相关人类主体单轨制，在这种路径下又可以分为两种思路。支持人工智能具有独立的刑事责任能力的人认为，人工智能可以具备独立的刑事责任能力，在人工智能导致规范违反或法益侵害后要对其自身进行责任归属。[②] 也有人反对这种观点，认为这将加剧相关主体的“不负责任”，[③] 理应由人来承担相应责任。[④] 于是，支持人工智能并不具备独立的刑事责任能力，而只有其他相关人类主体具有独立的刑事责任能力的人认为，人工智能不过

---

① 对于这种现象，也有人提出人工智能研究的繁荣乃是虚假的繁荣，不过是在制造学术热点。参见刘艳红：《人工智能法学研究的反智化批判》，载《东方法学》2019 年第 5 期，第 119 – 126 页。朗正午：《伪命题：人工智能带来的刑事风险》，载《天水行政学院学报》2019 年第 3 期，第 72 – 76 页。当然也有学者对此作出了回应，认为人工智能法学研究是一个争论题，并区分出了弱人工智能和强人工智能的概念。参见刘宪权：《对人工智能法学研究“伪批判”的回应》，载《法学》2019 年第 1 期，第 3 – 14 页。

② 刘宪权：《人工智能时代的“内忧”“外患”与刑事责任》，载《东方法学》2018 年第 1 期，第 134 页。卢勤忠、何鑫：《强人工智能时代的刑事责任与刑法理论》，载《华南师范大学学报（社会科学版）》2018 年第 6 期，第 119 页。

③ 叶良芳、马璐瑶：《奉献社会视域下人工智能犯罪的刑法应对》，载《浙江学刊》2018 年第 6 期，第 65 页。

④ 庄永廉、黄京平、高艳东：《人工智能与刑事法治的未来》，载《人民检察》2018 年第 1 期，第 45 页。

是相关人类主体的一种工具，其无法独立承担责任。[①] 第二，人工智能和其他相关人类主体并轨制，即区分人工智能的具体情况，为了使受害人得到完善的法益保护，通过特定的目的论建构将人工智能与其他相关人类主体一并作为刑事责任主体。

目前引起人工智能刑事责任争议的原因主要有两个：第一个原因是人工智能的概念使用没有取得统一认识；第二个原因是刑事责任归属理论本身也是有争议的。

第一，针对人工智能的概念问题。当下学术界对人工智能的概念并未取得高度的统一认识，但基本共识仍然是存在的，即学界目前对于弱人工智能的刑事责任能力没有较大争议，一般认为其仅具有工具属性，不具有独立的刑事责任能力，而分歧主要是针对强人工智能时都具有独立的刑事责任能力。[②] 有学者认为强人工智能可以像人一样独立思考和解决问题，[③] 由于与传统的刑事责任能力人的特征一致，强人工智能当然可以成为独立的刑事责任主体。[④] 强人工智能的

---

① 皮勇：《人工智能刑事法治的基本问题》，载《比较法研究》2018 年第 5 期，第 165 - 166 页。熊波：《论人工智能刑事风险的体系定位与立法属性》，载《重庆大学学报（社会科学版）》2020 年第 3 期，第 142 - 154 页。刘仁文、曹波：《人工智能体的刑事风险及其归责》，载《江西社会科学》2021 年第 8 期，第 143 - 155 页。

② 牛天宝：《否定与建构：人工智能时代的刑法应对——人工智能机器人侵害法益相关刑事责任分析》，载《西南政法大学学报》2020 年第 2 期，第 97 页。

③ 高铭暄、王红：《互联网 + 人工智能全新时代的刑事风险与犯罪类型化分析》，载《暨南学报（哲学社会科学版）》2018 年第 9 期，第 3 页。

④ 刘宪权：《人工智能时代刑事责任与刑罚体系的重构》，载《政治与法律》2018 年第 3 期，第 91 页。

主要特征是其类人性，即能够和人一样进行独立思考，具有自主决策能力，不同于弱人工智能只是人类决策者的延伸。[①] 所以，在强人工智能的意义上，探讨刑事责任能力的归属问题才有意义。[②]

---

① 强人工智能与弱人工智能的区分乃是相对的，并不存在一个绝对的标准，乃至于说强人工智能特征在于拥有自主决策能力和独立思考能力也是一个模糊的概念，什么叫独立思考能力和自主决策能力并无定论，但是可以预见的是，随着人工智能的发展，人工智能与人类的差别将不再是机器与人的差别，如果我们承认人类具有自由意志和自主决策能力的话，人工智能在未来将会共享人类的这一特征。关于强人工智能与弱人工智能的区分可参见刘宪权主编：《人工智能：刑法的时代挑战》，上海人民出版社 2018 年版，第 3 – 16 页。

② 强人工智能与弱人工智能的分级在自动驾驶汽车领域已有标准，具体来说：(1) 特定功能的自动驾驶（Level 1）。这一级的汽车只具有某些特殊的自主控制功能，自主性较低，如突发情况下的紧急制动功能、依靠导航的路径选择功能，以及车辆的稳定控制功能等。此类车辆的自主功能具有单一性和非连贯性，其导致的伤害事件多为人为因素，排除特殊功能后驾驶者承担法律责任的情形较多。(2) 组合功能的自动驾驶（Level 2）。这一级别的汽车是将两个或两个以上的自主控制技术结合在一起，从而达到某一类的自主驾驶，如导航技术与汽车自主选道、变道相结合等。由于此类汽车的自主性较低，所导致的伤害情况也仅以其特殊功能为基础予以判断。(3) 有限自动驾驶（Level 3）。这一级别的汽车的自主性较高。汽车可在某类特定的环境下自主行驶，并且还可通过环境来调整控制模式以提醒驾驶员是否需要人工操作。这一阶段的汽车若导致重大交通事故的，应区别是否有人工干预成分而分别确定。(4) 完全自动驾驶（Level 4）。这一层级的车辆已完全不需要人工控制和干预，因而也称为完全自主驾驶汽车。在输入目的地的指令后，车辆自主完成路径选择、自动泊车等环节。此类汽车发生车祸时，多属于汽车自身原因而法律责任也应对主体进行不同的区分。陈晓林：《无人驾驶汽车致人损害的对策研究》，载《重庆大学学报（社会科学版）》2017 年第 4 期，第 79 – 85 页。美国高速公路安全管理局（NHTSA）发布了与此类似的分级标准，See *U. S. Department of transportation releases Policy on Automated Vehicle Development*. National Highway Traffic Safety Administration. 由于有限自动驾驶（Level 3）已经需要区分汽车的自主决策与人的自主决策，因而有学者主张，组合功能的自动驾驶（Level 2）与有限自动驾驶（Level 3）的区分具有重要意义，See Nynke E. Vellinga，From the testing to the deployment of self – driving cars：Legal challenges to policymakers on the road ahead，*Computer Law and Security Review*，33（2017）。在本书中，强人工智能的显然处于 L3 级及以上的意义上。

第二，针对刑事责任归属理论。笔者认为，无论是支持人工智能刑事责任的哪种路径，都必然涉及对刑事责任归属理论的探讨，刑事责任归属理论乃是探讨人工智能刑事责任的前提。[①] 换言之，当下关于人工智能刑事责任的探讨，中心点应当回到关于刑事责任归属理论的探讨上，人工智能只不过是刑事责任归属理论的一个应用对象。在这个意义上，如果人工智能的本质得到了清晰的厘定，那么关于人工智能的刑事责任问题的探讨将通过刑事责任归属理论的理性论辩得以解决。所以，人工智能在刑事领域的核心争议便是人工智能的责任归属问题。[②] 思考人工智能刑事责任的关键乃是梳理刑事责任归属理论。

（二）当前的责任归属路径

通过梳理学说史发现，当前的刑事责任归属路径可以分为以下两种：第一种为主观归责路径，第二种为客观归责路径。“所谓归责就是把符合构成要件的违法行为与行为人联结起来，对行为人进行非难，在归责中，常常要考虑行为人

① 同样的观点参见刘仁文、曹波：《人工智能体的刑事风险及其归责》，载《江西社会科学》2021 年第 8 期，第 143 页。

② 牛天宝：《否定与建构：人工智能时代的刑法应对——人工智能机器人侵害法益相关刑事责任分析》，载《西南政法大学学报》2020 年第 2 期，第 97 页。

的主观、个人的责任问题，这可以说是本来意义上的责任主义。”[①] 主观归责路径的核心在于意志自由，以人具有自由意志为刑事责任归属的基础。客观归责路径的核心是对结果规范的违反，以违反结果规范作为刑事责任归属的基础。

1. 主观归责路径

据考证，归责概念最早可以追溯至亚里士多德的四因说。[②] 在德国刑法学中，“归责”一词最早出现在普芬道夫的论述中，其中，“归责”包含主客观两个方面。[③] 主观归责的发展经历了多个重要理论高峰，其中最重要的理论高峰来自康德和黑格尔。

康德在《道德形而上学导论》中探讨了道德意义上和法律意义上的归属，“道德意义上的归责（*imputatio*）是指某人被认为是某一事件的作者（*causa libera*）［自由原因］的一种判断，该事件因此被称为一个行为（*factum*）［自己的行为］并受法律约束。如果该判断还带有该行为的法律后果，它将是一个具有法律拘束力的或有效的归责（*imputatio iudiciaria s. valida*），否则它将仅仅是一个评估该行为的归责

① 马克昌：《比较刑法原理：外国刑法总论》，武汉大学出版社 2002 年版，第 428 页。

② 陈尔彦：《现代客观归责理论的源流：从主观到客观》，载《刑法论丛》2020 年第 3 期，第 227 页。

③ 庄劲：《从客观到主观：刑法结果归责的路径研究》，中山大学出版社 2019 年版，第 6 页。

(*imputatio diiudicatoria*)。”[①] 在这里，某人被视为某种行为的作者，关键在于这个行为乃是作者自由做出的，人是具有自由意志的。阿希姆·赫鲁施卡（joachim hruschka）认为，“作者［作为］事件的自由原因”这一短语标志着归责的预设，即行动主体是自由行动的。[②] 正如康德所说的：“当某件事情被简单地归于一个人时，也就是说，当该事被设想为自由地产生时，我们就会进行归责。”[③] 康德的主观归责思想可以归结为三点：第一，存在道德意义上的归责和法律意义上的归责，两者区分的关键在于其行为是否带有法律后果；第二，无论是道德意义上的归责还是法律意义上的归责，一个事件被归责于一人，即被当作事件的始作俑者或发起人，前提条件乃是始作俑者自由作出；第三，由此我们也可以得出一个否定性的判断，即如果一个人并非出自自由意志作出某些行为，那么不可以将该人视作该事件的始作俑者，也就是说，不能对该人进行归责。

黑格尔在其唯心主义的法哲学中使用的归责概念是在主

① Immanuel Kant, *Einleitungin die Metaphysik der Sitten*, in Ak Ausg 6 (n. 33), 211 - 28, at 227, Engl. edn in Metaphysical Elements of Justice, trans. John Ladd, 2nd edn (Indianapolis: Hackett, 1999), 7 - 24, at 21.

② See Joachim Hruschka, ‘Imputation’, *Brigham Young University Law Review*, 12 (1986), pp. 669 - 710.

③ Immanuel Kant, Reflexionen zur Moralphilosophie, 6775, in Ak Ausg 19 (n. 33), p. 157, Cited from Joachim Hruschka, “Imputation”, *Brigham Young University Law Review*, 12 (1986), p. 674.

观归责的意义上使用的，“行动使目前的定在发生某种变化，由于变化了的定在带有‘我的东西’这一抽象谓语，所以意志一般来说对其行动是有责任的”。[①] 据此，犯罪行为只能因为是一致的过错而被归责。[②] 黑格尔认为“凡是出于我故意的事情，都可以归责于我，这一点对犯罪来说是特别重要的”。[③] “意志的法，在意志的行动中仅仅以意志在它的目的中所知道的这些假定以及包含在故意中的东西为限，承认是它的行为，而应对这一行为负责。行动只有作为意志的过错才能归责于我。这是认识的法。”[④]黑格尔的主观归责思想也可以总结为三点：第一，人之所以对其行动负有责任，根本原因在于人的自由意志；第二，人的行为是其主观意志的客观表现，所以人出现了主观过错就要对其行为负责；第三，行动只有作为意志的过错才能归责于我，即不能出于其他原因而将行动归责于某一主体。

2. 客观归责路径

客观归责理论的代表者是拉伦茨和霍尼希。拉伦茨的客观归责思想继承自黑格尔的主观归责思想，如果说对于拉伦

---

① ［德］黑格尔：《法哲学原理》，范扬、张企泰译，商务印书馆 1961 年版，第 118－119 页。

② 徐玉秀：《主观与客观之间——主观理论与客观归责》，法律出版社 2008 年版，第 179 页。

③④ ［德］黑格尔：《法哲学原理》，范扬、张企泰译，商务印书馆 1961 年版，第 118－119 页。

茨的归责思想还存在主观归责与客观归责之争，[1] 霍尼希的客观归责理论则比拉伦茨更加清楚。

拉伦茨的归责思想是在黑格尔和康德的主观归责思想的基础上发展起来的。同时，拉伦茨也在向客观归责理论靠近。拉伦茨认为，在进行责任归属时，进行的不是一种原因追溯活动，而是一种意志活动。“当我将某人说成是一个事件的发动者时，那么我同时也就是在表达：这个事件对他而言不是偶然的作品，而是他自己的意志的作品。”[2] 拉伦茨在这里使用的发动者概念有点类似于康德的作者概念，一个人之所以是一个事件的始作俑者或者发动者，不在于该人是否是该事件发生的原因，而是因为该人具有自由意志，该事件乃是意志活动的结果，不同之处在因果链条之中的原因。拉伦茨的思想可以分解为以下几点：第一，拉伦茨明确了归责要关注什么问题，也就是说，为什么可以将一个行为当作一个主体的行为，而不是其他。第二，拉伦茨区分了客观归责和主观归责，即“归责的问题和行为个人的特性无关，而仅仅决定一个对于客观关系的判断，这个判断即称为‘客观归责’。

① 例如，徐玉秀认为拉伦茨不是客观归责论者，参见徐玉秀：《主观与客观之间——主观理论与客观归责》，法律出版社 2008 年版，第 179 页。陈尔彦认为拉伦茨发展出了客观归责论思想，参见陈尔彦：《现代客观归责理论的源流：从主观到客观》，载《刑法论丛》2020 年第 3 期，第 231 页。

② Vgl. Larzenz, *Hegels Zurechungslehre und der Beriff der objektiven Zurechung*, 1727, S. 60ff. 转引自陈尔彦：《现代客观归责理论的源流：从主观到客观》，载《刑法论丛》2020 年第 3 期，第 231 页。

客观归责所问的，是某个已发生的事实，不是某个主体的行为。至于对这个主体，是否因为某个行为而予以法律上或道德上的责难，是否应该予以主观归责，则不问。”[①] 第三，拉伦茨超越了黑格尔的主观归责学说，“归责是一个目的论的概念……目的概念不应当是主观的，而应当作客观理解。”[②] 目的概念不应该是主观的，而是客观的。所以，在拉伦茨那里形成了客观目的的概念。第四，对于行为人的设定标准也与之前有所不同，拉伦茨认为，刑事责任主体是“处于行为人的境况下的被思考的理性人”。[③] 这就排除了对于行为人个人资料的具体考察，行为人具有一个抽象的理性人的人格，我们不能基于行为人的特殊因素将行为归责于他。

20 世纪 30 年代，拉伦茨的客观归责思想被霍尼希所继承，霍尼希发展出了一种新的客观归责理论。霍尼希认为首先区分了因果关系与客观归责，因果关系是处于时空中的因果链条中的无穷无尽的条件序列，因果关系是事实与事实之间的关系。而客观归责与因果关系不同，客观归责主要是说明法律层面上行为与后果之间的关系，具有规范意涵，蕴含

① 徐玉秀：《主观与客观之间——主观理论与客观归责》，法律出版社 2008 年版，第 180 页。

② 陈尔彦：《现代客观归责理论的源流：从主观到客观》，载《刑法论丛》2020 年第 3 期，第 234 页。

③ 陈尔彦：《现代客观归责理论的源流：从主观到客观》，载《刑法论丛》2020 年第 3 期，第 234 页。

了法律的评价以及法秩序要求。[1] 行为与结果之间的联系是一种目的论的联系，即行为与后果之间的联系要符合客观目的，“那种可以被认为是合目的地设定的结构，在客观上是可归责的”。[2] 结合以上两者，霍尼希进一步认为，“行为与结果之间的关系，不仅仅具有事实上的因果关系，更重要的还必须具有法秩序所要求的特殊关系，只有在法秩序上具有重要性的事实因果关系，行为在客观上才是可归责的。”[3] 霍尼希的思想可以归结为三点：第一，客观归责关系不同于因果关系，前者具有规范意涵，或者仅仅属于本体论上的事实联系；第二，客观归责中的行为与后果之间的联系是一种目的论的联系；第三，客观归责的前提是法秩序的要求，仅仅具有事实关系是不够的。

客观归责的理论还有许多发展的空间，德国学者恩吉施虽然没有使用“客观归责”一词，但他认为归责要从日常生活经验出发，进行规则的条件是看行为是否禁止风险的形成以及禁止风险的实现。[4] 这已经接近现代客观归责理论。韦

---

① 参见吴玉梅：《德国刑法中的客观归责研究》，中国人民公安大学出版社 2007 年版，第 27 页。

② 吴玉梅：《德国刑法中的客观归责研究》，中国人民公安大学出版社 2007 年版，第 27 页。

③ 徐玉秀：《主观与客观之间——主观理论与客观归责》，法律出版社 2008 年版，第 183 - 184 页。

④ 吴玉梅：《德国刑法中的客观归责研究》，中国人民公安大学出版社 2007 年版，第 27 - 28 页。

尔策尔提出了社会相当性理论，共同生活秩序所允许的行为，即便引起了刑法所禁止的后果，依然不能对该行为进行归责。[①] 韦尔策尔冲击了传统的构成要件理论，认为构成要件理论要受到社会相当性的限制。罗克辛的客观归责理论是一个集大成者，他将霍尼希、恩吉施和韦尔策尔的思想整合进一个体系之中，创立了现代客观归责理论，也就是说，现代客观归责理论整合了客观目的性、禁止风险形成和实现以及社会相当性理论。[②] 罗克辛的客观目的性取决于行为是否给不法后果制造了法律风险，客观目的性中涉及的目的是法秩序的目的，由两个要素决定，即法秩序的目的和行为的客观风险制造能力。[③] 这样来看，客观目的性就取决于行为制造了法律风险。罗克辛的禁止风险形成和实现理论演变为了禁止制造法不容许的风险，并且许多风险也有正当化事由，这不属于法不容许的风险，“在允许性风险下，人们应当把一个举止行为理解为创设了一种在法律上有重要意义的风险，但是，这种风险一般是可以允许的，并且正是因为这种允许性，应当与正当化根据不同而排除对客观行为构成的归

① ［德］许乃曼：《关于客观归责》，陈志辉译，载徐玉秀、陈志辉合编：《不移不惑献身法与正义》，公益信托春风和煦学术基金2006年版，第547页。

② 参见朱兴：《刑事归责研究》，中国政法大学出版社2018年版，第16－17页。

③ 徐玉秀：《当代刑法思潮》，中国民主法制出版社2005年版，第389－390页。

责。”[①] 当然，罗克辛也发展出了其主观归责理论，完整的归责概念包含主观归责和客观归责，这里不一一赘述。

（三）责任归属的法律理论演变趋势

综合上述来看，刑法上的刑事责任归属理论呈现出一种从主观归责到客观归责、从事后的结果归属到事前的风险分配的发展脉络。

从归责理论的哲学起源来看，归责首先在康德的思想中有所体现，康德将意志自由视作行为人与行为联系的前提，如果行为人的行为引起了法律后果，那么就是一种法律上的归责。换言之，归责就是行为人与不法后果之间的联系，如果行为人在意志自由的情况下引起了某种行为，并且如果这种行为落入了法律规定之中，该行为结果属于“法权后果”[②]，那么该行为就属于行为人的行为，行为人就是该行为的始作俑者或发起者。从中可以看出，康德的归责思想仍然是事后的结果归属，如果没有行为人的行为结果，归责便无从谈起。

这种结果归属的理念在黑格尔那里也非常明显，让我们

---

① ［德］克劳斯·罗克辛：《德国刑法学总论》（第1卷），王世洲译，法律出版社2005年版，第252页。

② Immanuel Kant, *Einleitungin die Metaphysik der Sitten*, in Ak Ausg 6 (n. 33), 211 – 28, at 227, Engl. edn in Metaphysical Elements of Justice, trans. John Ladd, 2nd edn (Indianapolis: Hackett, 1999), 7 – 24, at 21.

再来回顾一下黑格尔的说法，“行动使目前的定在发生某种变化，由于变化了的定在带有‘我的东西’这一抽象谓语，所以意志一般来说对其行动是有责任的”。[①] 这里首先出现的是行动使目前的定在发生某种变化，引起一定的结果，然后意志才对这种行动负有责任。意志的概念在黑格尔的唯心主义哲学中占据核心地位，行为人的意志发动之后造成了现实影响，行为人的意志对于这种现实影响负责，换言之，行为人的意志先于结果，归责就是把结果归之于行为人的意志。受到黑格尔影响的拉伦茨同样表达了类似的后果归属理念，“事件……是他自己的意志的作品”。[②] 仍然是先有行为人的意志后有后果，归责就是把后果归属于行为人。

这种事后的结果归属在一定意义上维护了刑法的滞后性与谦抑性，刑法不可过分积极地过早介入社会，而且刑法所调整的乃是重大的法益，乃是用最为严厉的刑罚手段维护刑法的秩序和法益，刑法的谦抑性和严厉性决定了刑法对于行为人的调整只能是在行为人引起了不法后果之后，而不能先于行为人引起不法后果之前。但是，从主观归责理论到客观归责理论的发展脉络来看，刑法也在一定程度上参与到事前

---

① ［德］黑格尔：《法哲学原理》，范扬、张企泰译，商务印书馆 1961 年版，第 118 – 119 页。

② Vgl. Larzenz, *Hegels Zurechungslehre und der Beriff der objektiven Zurechung*, 1727, S. 60ff. 转引自陈尔彦：《现代客观归责理论的源流：从主观到客观》，载《刑法论丛》2020 年第 3 期，第 231 页。

的风险分配中去。这鲜明地体现在从恩吉施到韦尔策尔再到罗克辛所发展出来的客观归责理论中。

禁止风险的形成和禁止风险的实现是恩吉施对于刑事责任归属理论的重大贡献，“只有行为人对于构成要件结果缺乏客观上必须之谨慎，则行为在构成要件结果方向上就设定了相当的原因，禁止风险由此形成”。[①] 韦尔策尔则从反面提出了社会秩序所允许的风险，人们生活在共同体中，并不是完全安全的，而是面临着种种风险，其中有些风险是社会所允许的，有些风险是社会不允许的，因而需要刑法介入来预防风险。但是，因为刑法秩序一旦形成便与社会共同体的生活秩序不同，社会共同体所允许的风险就可能在刑法秩序中不被允许，但是基于社会相当性原理，为社会秩序所容许的风险并没有对社会秩序造成实质影响，这就意味着，只要是共同体生活秩序保护的行为，这种行为也应当为刑法所容许。[②] 罗克辛更是鲜明地指出了行为本身制造法律上的重要风险这一观念的重要性，制造法不允许的风险，并且根据社会相当性理论缺乏正当化根据，就构成了对行为的归责。

由此可见，从主观归责到客观归责，其中隐而不彰的转

① 吴玉梅：《德国刑法中的客观归责研究》，中国人民公安大学出版社 2007 年版，第 27－28 页。

② ［德］汉斯·海因里希·耶赛克、托马斯·魏根特：《德国刑法教科书》，徐久生译，中国法制出版社 2001 年版，第 310－311 页。

变乃是从事后的结果归属到事前的风险分配，由强调行为人的意志与行为后果之间的关联性转移到了法秩序所禁止或允许的风险的探讨上来。[①] 与此现象相对应的是，现在侵权法的发展也是从事后的结果归属到事前的风险支配，但是由于刑法与侵权法的根本不同，刑法本身具有谦抑性和严厉性，尽管风险分配也是刑法的功能之一，[②] 刑法依然要主张事后结果的责任分配。

以上我们探讨了刑事责任归属理论的发展脉络及其发展趋势，正如一开始我们的观点所指出的，刑事责任归属理论乃是探讨人工智能刑事责任的前提。那么，在探讨完刑事责任归属理论之后就需要转入对人工智能责任归属的探讨，这里我们所运用的理论工具即客观归责理论和主观归责理论。

---

① 需要指出的是，客观归责理论并不一定对应着责任扩张的观念。参见陈兴良对罗克辛的评论：陈兴良：《教义刑法学》，中国人民大学出版社 2010 年版，第 418 页。

② 值得一提的是，近年来，我国刑法学界关于“风险刑法”的研究也蔚为壮观，这种研究可以追溯到薛晓原、刘国良：《法治时代的危险、风险与和谐——德国著名法学家、波恩大学法学院院长乌·金德霍伊泽尔教授访谈录》，载《马克思主义与现实》2005 年第 3 期，代表性论著可参见劳东燕：《公共政策与风险社会的刑法》，载《中国社会科学》2007 年第 3 期；刘艳红：《“风险刑法”理论不能动摇刑法谦抑主义》，载《法商研究》2011 年第 4 期；劳东燕：《风险社会与变动中的刑法理论》，载《中外法学》2014 年第 1 期；郝艳兵：《风险刑法——以危险犯为中心的展开》，中国政法大学出版社 2012 年版。需要指出的是，由于风险社会将风险的预防当作重中之重，与罪责刑相适应的刑法基本原则、刑法谦抑主义等基本价值就可能受到侵蚀，所以，刑法可以在一定程度上承担风险预防的职能，但是刑法主要还是要围绕事后的结果归属来展开。

二、人工智能与客观归责理论

通过学说史的梳理可以发现，客观责任理论以风险概念为核心建构了一套归责理论，归责判断的关键不在于行为人实施行为时所实际具有的主观意志，而在于其违反规范的行为客观上给他人或社会造成的风险。[①] 客观的风险要素至关重要。[②] 其中，以罗克辛的客观归责理论为代表，客观归责理论将风险作为解释构成要件的实质标准，包括风险升高理论、风险实现理论和合法替代理论，以下分别述之。

（一）人工智能与风险升高

罗克辛在恩格希的基础上发展了风险升高理论，具体而言，风险升高理论与风险的允许与风险的禁止具有紧密关系，在允许风险和禁止风险之间存在一种转换关系，罗克辛指出，对于刑法而言，“我们必须精确地考察，它保护的应该是什么，它保护的应该是谁，以及它所抵御的又应该是什么”。[③] “如果对于大量的现代交通方式、企业中危险的仪器设备以

---

① 劳东燕：《刑法中的客观不法与主观不法——由故意的体系地位说起》，载《比较法研究》2014 年第 4 期，第 77 页。

② 劳东燕：《过失犯中的结果预见可能性理论的反思与重构》，载《中外法学》2018 年第 2 期，第 310 页。

③ ［德］克劳斯·罗克辛：《对批判立法之法益概念的检视》，陈璇译，载《法学评论》2015 年第 1 期，第 205 页。

及在其他许多与危险相比更具有社会效用性的行业，立法者许可风险达到某个限度，那么只有当行为人的行为意味着风险的增高超过了允许的限度时，才可进行归责。”① 所以，由此可以看出，风险升高才是对行为人进行归责的实质条件，当行为人降低了风险，或者创造了为立法者许可的限度内的风险，就不能对行为人进行归责，如果行为人创设了超过立法者许可的限度的风险，并且属于构成要件行为，就需要对行为人进行归责。另外，罗克辛也认为，“如果违反义务的行为使结果发生的风险高过了允许的程度，那么禁止风险就已经实现于结果之中”。② 这意味着，只要行为人创设了高出允许限度的风险，就被视作实现了风险。

以上我们可以总结为四点，首先，立法者对社会风险进行了权衡，这种权衡的结果是在刑法中规定了风险的标准，将风险维持在一定的限度之内。其次，如果行为人的行为创造了或增高了风险，并且超出了立法者规定的标准，就要对行为人进行归责。再次，如果行为人的行为没有将风险超出立法者规定的标准，就不能对行为人归责。最后，只要行为

① Claus Roxin, *Gedanken zur Problematik der Zurechung im Strafrecht*, in Festschrift für Richard M. Honig, Göttingen 1970, S. 138. 转引自吴玉梅：《德国刑法中的客观归责研究》，中国人民公安大学出版社 2007 年版，第 93 页。

② Vgl. Claus Roxin, *Gedanken zur Problematik der Zurechung im Strafrecht*, in Festschrift für Richard M. Honig, Göttingen 1970, S. 138. 转引自吴玉梅：《德国刑法中的客观归责研究》，中国人民公安大学出版社 2007 年版，第 96 页。

人创设了高于立法限度的风险，就相当于违反了风险禁止实现的义务，即实现了风险。

罗克辛对于立法者的权衡的设想具有前瞻性，在人工智能社会中，人工智能很有可能应用于罗克辛所说的场景，即“大量的现代交通方式、企业中危险的仪器设备以及在其他许多与危险相比更具有社会效用性的行业”。[①] 这些应用场景的一个共同特点是具有或高或低的风险，但是高风险也意味着高回报，而高回报则意味着人工智能在这些场景中得以应用的现实可能性很大，相应地，高风险则意味着人工智能在这些场景中的应用可能会引发一些问题。风险升高理论则能够很好地兼顾人工智能应用场景高风险与高回报的特点。运用以上我们得到的原理可以总结如下：第一，立法者要对人工智能应用场景所可能引发的社会风险有所权衡，进而规定一定的标准，将合理的风险控制在刑法之中，这主要涉及立法学，而较少涉及刑事责任归属原理。但是，客观归责理论为立法学中的权衡提供了合理的说明。第二，如果人工智能的行为创设或增高了风险，并且超出了立法者规定的标准，运用风险升高理论可知，此时便需要对人工智能进行归责，不管将责任最终归之于什么主体，人工智能此时便

① Claus Roxin, *Gedanken zur Problematik der Zurechung im Strafrecht*, in Festschrift für Richard M. Honig, Göttingen 1970, S. 138. 转引自吴玉梅：《德国刑法中的客观归责研究》，中国人民公安大学出版社 2007 年版，第 93 页。

具有了可归责性。第三，如果人工智能的行为没有超过立法者允许的风险，这就意味着不能对人工智能进行归责，人工智能在这种情况下不具有可归责性。第四，只要人工智能创设了高于立法者所承认的合理风险界限，就意味着违反了风险禁止实现的义务，也即实现了风险。不过，风险实现也受到一定的限制，下面便转入对风险实现理论的探讨。

（二）人工智能与风险实现

风险实现要考虑风险的实际实现，也要考虑这种结果是否违反了规范保护目的。所以，这里要考虑的是反面立场，如果行为造成真正的风险实现，则不具有可归责性；如果造成了真正的风险实现，但是这种风险又是刑法所允许的，换言之，没有违反规范保护目的，也不能认为行为人具有可归责性。

我们以一个犯罪结果发生的自然过程来观察风险实现，在考虑风险实现的实际结果时，通常将故意犯罪但犯罪未遂、介入因素、因果关系和规范保护目的等放在一起加以讨论。如果行为人制造了风险，但是风险并未真正实现，此时则涉及犯罪未遂；如果行为人制造了风险，并且风险真正实现了某种结果，但是这种结果是由于介入因素造成的，在这种情况下，风险仍未实现，行为人不具有可归责性；对于因果关系错误而言，如果行为人以为自己杀死了被害人并且对被害人采取了后续处理措施，实际证明是后续措施导致了被害人的死亡的，这种情况罗克辛并未采取概括故意来解释行为人的罪责，罗克辛认为，“当未遂行为以在法律上以有重要意义的方式提高了紧接着的因果过程的危险时，也就是这个结果是适当地实现了由未遂创设的那个危险时，因果关系的偏离就是不为人所注意的，也就是说，这个结果是应当归责的”。[①] 如果风险已经实现，除非该结果违背了注意规范保护目的，则不能对行为人归责。罗克辛介绍了一个例子，即两个摩托车骑手在没有车灯的情况下行驶在公路上，骑在前面的骑手撞了人，但是只要在后的骑手装了车灯，在前的骑手便不会撞人。[②] 这个案例的关键之处在于它符合风险升高理论，即在后的骑手没有装车灯的行为提高了在前的骑手的驾驶风险，但是夜间行车规范是为了保证自己的车不与其他车相撞。所以，即便在后骑手违反了交通安全规范，在前的骑手违法后果并不能归责于在后骑手，因为在后骑手的行为并没有违反注意规范保护目的而不具有可归责性。

以上关于风险实现的观点可以总结为以下几点：在客观

① ［德］克劳斯·罗克辛：《德国刑法学总论》（第1卷），王世洲译，法律出版社2005年版，第253页。

② 参见［德］克劳斯·罗克辛：《德国刑法学总论》（第1卷），王世洲译，法律出版社2005年版，第252－253页。

归责理论中，行为人具有可归责性的要求是：第一，行为人制造风险，必须要求实现风险。第二，行为人制造了风险并且其造成的结果没有介入因素。第三，行为人制造了风险，风险结果要求违反注意规范保护目的。此外，在因果关系错误的情形中，因果关系的偏离不影响对行为的归责。人工智能由于各方面的机能均超越了人类，其制造风险、实现风险的能力便大大加强。套用以上风险实现的原理，人工智能的行为具有可归责性要求该行为真正实现了风险、没有介入因素以及违反注意规范保护目的。

需要指出的是，注意规范保护目的是否需要因人工智能的能力更强而需要扩张。规范保护目的通常涉及法律解释学的解释，对于人的行为来说，从有利于被告人的角度，规范保护目的通常要进行限缩解释。但是，我们对于人工智能是否需要设定“有利于人工智能”这一解释原则？对于这个问题的回答最终取决于人工智能与人的关系，如果两者处于平等地位，那么“有利于被告人”可以类推至“有利于人工智能被告人”。但是，我们制造人工智能是为人类服务的，在这个意义上，人工智能与人类具有同等地位便存在问题了，不过这一切都有待于未来立法者考虑。

（三）人工智能与合法替代行为

罗克辛也探讨了合法的替代行为，他通过一个案例来说明这个问题，这个案例就是著名的羊毛案。一家工厂的厂长让工厂的工人加工山羊毛，但是，其中一些工人因此感染了炭疽杆菌而死亡，事后发现，即便厂长遵守了规定对山羊毛实现消毒也无法杀死炭疽杆菌，也就是说，工人的死亡是不可避免的。对此，罗克辛认为，“如果人们把这个结果归责于厂长，那么，他就要为违反了一项即使履行了也没有用的义务而受到刑事惩罚”。[①] 合法的替代行为的实质是，行为人实施了合法的行为，但是也无法避免风险的发生。[②] 或者违反了相关规范，造成了风险后果，但是即便遵守规范，也无法避免风险的发生。[③] 在这种情况下，罗克辛认为不能把结果归责于行为人，这将会造成极大的不合理。

罗克辛的例子主要涉及安全规范，在现代社会，存在着大量的高风险行业，如科学实验、煤矿行业、危险品生产、交通运输、机械制造、武器研发等，这些行业与活动一般隐藏着巨大的生命、财产损害风险，一般也有相应的安全规范予以规制。然而这些行业与人们的生产生活息息相关，对于人类社会的发展举足轻重，所以我们不能做到禁止从事这些行业，而是选择了制定安全规范的方式，只要行为人遵守了

---

① ［德］克劳斯·罗克辛：《德国刑法学总论》（第1卷），王世洲译，法律出版社2005年版，第254页。

② 参见陈兴良：《从归因到归责：客观归责理论研究》，载《法学研究》2006年第2期，第80页。

③ 朱兴：《刑事归责研究》，中国政法大学出版社2018年版，第137页。

相关的安全操作规范，这种行为就具有正当理由，不具有可归责性。然而，这些活动毕竟隐藏着巨大的风险，即便是遵守了安全规范，也难以绝对避免风险的发生。这就意味着安全规范不能绝对地保证不发生风险，如果安全规范绝对地保障不发生风险，那么无异于禁止任何人解除这些行业和活动。如果行为人在遵守安全规范的前提下，仍然不可避免地造成风险的发生，这就说明安全规范有待改进，而非行为人的行为具有可归责性。如果在这种情况下仍然要将风险后果归责于行为人，不仅会对行为人造成极大的不公平，还无法改进安全规范以防未来相似风险发生。以上便是合法替代行为能够阻却风险实现的原因，其背后的实质乃是，遵守规范与否已经对于防止风险的发生变得没有任何意义，所以不能说行为人违反规范造成了风险。

人工智能带来的风险替代活动可能不同于人类的选择，甚至超出人类的预测与了解范围，人工智能预测风险的能力要比人类更加强大，这时候应当如何进行司法判断？我们仍以上述罗克辛的羊毛案[①]为例，我们可以继续追问为什么针对厂长的归责将会是不合理和不公正的，除了安全规范已经进行了风险权衡之外，还有最重要的一点，那就是如果将不

---

① ［德］克劳斯·罗克辛：《德国刑法学总论》（第 1 卷），王世洲译，法律出版社 2005 年版，第 254 页。

法后果归属于厂长的话，厂长根本无法预料到风险的发生，因为厂长即便遵守了安全规范，风险也照样会发生。所以，一方面，我们以安全规范作为风险权衡的标准；另一方面，我们推定，如果厂长遵守了安全规范便尽到了注意义务。前者是形式的标准，后者才是它的实质内涵。换言之，之所以将不法后果归属于厂长会造成极大的不合理和不公正，是因为厂长缺乏对风险的认知能力。[①] 这种解读方式把合法替代行为的原理落脚于行为人的风险认知能力，原则上，如果行为人不具有特别的风险认知能力，那么其遵守安全规范造成了不法后果不应归属于该行为人，如果行为人具有特别的风险认知能力，那么其遵守安全规范造成了不法后果则应当归属于该行为人。将其应用到人工智能上，这里就出现了安全规范与人工智能的风险认知能力之间的动态关系。一方面，针对人工智能的安全规范不应当与针对人的安全规范一致，因为就一般而言，人工智能的能力更加强大，其所具有的风险预防义务就更高。另一方面，如果针对人工智能的安全规范与针对人的安全规范一致，那么如果发生了不法后果，同样由于人工智能具有特别的风险认知能力，则推定人工智能的行为是可归责的，除非有相反理由证明人工智能即便实施

---

① 这种解读方式可以参见庄劲：《从客观到主观：刑法结果归责的路径研究》，庄劲在此书中第五章探讨了“合法替代行为、风险变形与主观归责”，中山大学出版社 2019 年版，第 112 页。

了与其风险认知能力相匹配的措施也无法避免风险发生。

三、人工智能与主观归责理论

上面我们探讨了人工智能与客观归责理论，在人工智能与合法替代行为中，有一种解读认为合法替代行为的原理乃是行为人的风险认知能力，这种解读其实隐藏着从客观归责理论到主观归责的解释路径。与客观归责理论仅仅围绕不同风险来展开，主观归责理论围绕意志、认知等主观因素来展开，以下从人工智能与风险的可认知性、人工智能与风险链条的预测、人工智能与结果风险的实质符合这三个角度分述之。

（一）人工智能与风险的可认知性问题

风险的可认知性涉及的是主观认知要素，不管是康德的主观归责理论还是黑格尔的主观归责理论，均强调了将意志作为归责的核心要素。有学者概括了主观归责的核心思路："传统上，在意志归责的框架下，行为人的主观认知对归责而言极其重要。因为只有当行为人在认识到其行为会引起刑法所禁止的危险后果后仍决意实施行为，人们才能认定其存在恶意而进行伦理谴责；反之，如果行为人在行为时对相关情状或危害后果缺乏认识或者产生错误的判断，则赖以进行归责的基础便不存在了。”[①] 由此可见，在主观归责的路径下，是否对行为人的行为进行归责，关键在于行为人的主观认知要素，如果行为人缺乏对其行为将会引起刑法禁止的危险后果的认识，则不能对其进行归责。

行为人的主观要素一般涉及过失与故意两种，其中，犯罪过失是讨论的重点。犯罪过失是指行为人应当预见到自己的行为可能会发生危害社会的结果，因疏忽大意没有预见，或者已经预见自己的行为可能会发生危害社会的结果，但由于疏忽大意而没有遇见到。[②] 传统理论认为，判断过失犯的关键之处在于预见可能性，只有当行为人具有预见可能性时，才对结果的发生有避免义务。[③] 根据这种原理，我国《刑法》第十六条规定：行为在客观上虽然造成了损害结果，但是不是出于故意或者过失，而是由于不能抗拒或者不能预见的原因所引起的，不是犯罪。

过失犯罪主要考察的对象是行为人的心理状态，只有不注意才构成对注意义务的违反。对此，如果按照过失犯罪的原理考察人工智能的心理状态，则可以按照两种路径进行：

---

① 劳东燕：《刑法中的客观不法与主观不法——由故意的体系地位说起》，载《比较法研究》2014 年第 4 期，第 76 – 77 页。

② 高铭暄、马克昌：《刑法学》（第 9 版），北京大学出版社、高等教育出版社 2019 年版，第 109 页。

③ 参见［日］甲斐克则：《责任原理与过失犯论》，谢佳君译，中国政法大学出版社 2016 年版，第 81 – 96 页。张明楷：《刑法学》（第 5 版），法律出版社 2016 年版，第 287 页。

一是根据人工智能的发展特点和理性程度，推定其具有某一标准的注意能力和注意义务，在人工智能造成了不法后果之后，根据这种设定的标准来判断其是否尽到了注意义务，另外，也可以结合庭审过程中的控、辩、审三者的互动来具体确定人工智能的心理状态。二是在从对人工智能的主观心理状态的判断转移至规范的客观目的上去。[①] 这就又回到了合法替代行为的探讨中，对此存在两种情况需要分析：[②] 第一，如果相关规范自身的要求无法排除结果的发生，则人工智能遵守相关规范之后造成了不法后果，人工智能也不具有预见可能性。第二，如果相关规范自身的要求可能排除结果的发生，则人工智能不遵守相关规范造成了不法后果就被认为具有预见可能性，违反了注意义务，其行为具有可归责性。

另外，在故意犯罪中，人工智能可以更好地识别风险，因此，无法被人类识别为风险的，人工智能却能识别并加以贯彻，可否认定为故意中的明知？对此的解决思路同样可以划分为两种。第一种是立法论的思路，立法者经过价值权衡之后，直接对人工智能的主观故意进行认定，此时我们需要给出立法者如何权衡的思路，价值权衡是在诸价值之前进行

① 有学者称此为过失归责实现由意志向规范转变。参见杨丰一：《涉人工智能犯罪刑事归责研究》，吉林大学2021年博士学位论文，第132－139页。

② 此处借鉴了庄劲的思路，参见庄劲：《从客观到主观：刑法结果归责的路径研究》，中山大学出版社2019年版，第112－113页。

的，此处需要考虑的是人工智能为人类带来的效率与人类社会的安全之间的张力。故意犯罪要求人工智能的主观恶意性极大，因而对于人类社会的安全危害性极大，所以对该种犯罪的刑罚将更加严厉，“对人工智能机器人记性刑罚处罚是防止人工智能时代社会动荡、维护社会稳定、保障人民安居乐业的必然要求”。[①] 在人类与人工智能的关系上，我们不宜走得太远，以至于将人工智能完全等同于人类，我们宜将人工智能定位为人类社会的辅助工具，尽管其具有类人性。所以，立法者在进行价值权衡的时候，应当将安全价值放在优先地位，这就意味着，在不能判断过失和故意的时候宜认定为故意，在不能判断直接故意和间接故意的时候宜认定为直接故意。第二种思路则是司法论思路，根据人工智能的特点，由人工智能对自己的行为做出说明，在具体的庭审中认定人工智能的主观状态。

（二）人工智能与风险链条的预测问题

风险链条的预测从属于主观归责理论的范畴，其主要涉及因果关系理论。刑法中的因果关系理论最初来自自然科学中的因果律。有学者指出，刑法中的因果关系理论最初是以

① 刘宪权：《人工智能时代的刑法观》，上海人民出版社2019年版，第64页。

自然科学、实证主义、自然主义为原型的。[①] 我们梳理刑法中的因果关系理论发现，因果关系包含两方面的含义：一是行为人的主观意思与其客观行为之间的因果关系，二是行为人的客观行为与客观结果之间的因果关系。所以，一方面，因果关系将行为人的主观心理与其客观行为联系起来；另一方面，将行为人的行为与行为的后果联系起来。[②] 格拉塞在1858 年提出了刑法上的因果关系，刑法上的因果关系的存在要求行为人参与到因果关系的链条之中，行为人的行为要对结果的发生具有助力作用。格拉塞确立了一个检验公式，即“结果的条件是不能想象它不存在的因素，否则，结果即不会发生”。[③] 罗克辛将之总结为“想象中不存在”公式。[④] 这是一种否定后件式的推理，有后者必然有前者，那么若无前者必然无后者。其也被称作“假设的消除程序”。[⑤]

条件说也有其弊端，弊端就在于被认为是扩大了责任归属的范围，只要人的行为参与到因果链条之中，都可以被视

---

① 参见［日］小野清一郎：《犯罪构成要件理论》，王泰译，中国人民公安大学出版社 2004 年版，第 75 页。

② 参见陈兴良：《从归因到归责：客观归责理论研究》，载《法学研究》2006 年第 2 期，第 72 页。

③ 徐玉秀：《主观与客观之间——主观理论与客观归责》，法律出版社 2008 年版，第 233 页。

④ ［德］克劳斯·罗克辛：《德国刑法学总论》（第 1 卷），王世洲译，法律出版社 2005 年版，第 232 页。

⑤ 徐玉秀：《主观与客观之间——主观理论与客观归责》，法律出版社 2008 年版，第 233 页。

作对结果的发生有助力，人的任何行为都是处于无穷无尽的链条之中的，因为人是自然的存在物，这就意味着只要有犯罪行为发生，就会必然对某一或某些主体进行归责，很明显，这将会扩大刑法的打击面。约翰内斯·克里斯提出了相当因果关系理论，相当因果关系理论认为行为和结果之间必须有相当程度的可能性，方能认定有因果关系，这个相当程度的可能性，也就是行为和结果之间“适当”的关系，这个适当关系是依常理则足以发现结果发生的意思。[①] 相当因果关系实现了从事实到评价的转变，[②] 相当性的判断不仅仅是事实概率的判断，相当因果关系涉及两个要素，一个是经验法则，另一个是相当可能性。[③] 相当性首先是一种客观的可能性，它是一种本身存在于社会之中的结果发生的可能性；另外，更重要的是，这种相当性不仅仅是纯粹事实关系，还要根据日常经验法则判断行为是否足以导致结果的发生。

人工智能引发问题的特殊之处在于，人工智能对于未来事件可以进行预测，预测仍然属于人工智能的认知能力范畴，如果人工智能对于未来事件的预测能力超出了一般人的预测

① 徐玉秀：《主观与客观之间——主观理论与客观归责》，法律出版社 2008 年版，第 235 页。

② 陈兴良：《从归因到归责：客观归责理论研究》，载《法学研究》2006 年第 2 期，第 74 页。

③ 徐玉秀：《主观与客观之间——主观理论与客观归责》，法律出版社 2008 年版，第 235 页。

水平，就引发了相当性的判断标准问题。这到底意味着是因果链条的延伸，还是仍然保持人类当前既有的因果链条延伸程度？

人类自身在长期的共同生活中形成了一套经验法则，这套经验法则可以预测未来风险的发生，同时也就设定了相当性标准，如果根据经验法则，某一人类行为有增加特定结果发生的风险，则该行为就与结果的发生具有相当的因果关系。在这种情况下，保持人类的因果链条的预测能力，以之为标准判定相当性，如果人工智能的预测水平超出人类，则一般不会引发不法后果。如果引发了不法后果，就意味着人工智能已经做得比人类更好了，这种风险的发生就是不可避免的，也不应对人工智能的行为进行归责。通过这种推理我们可以发现，如果人工智能比人类的预测能力更强，以人类社会的经验法则作为相当因果关系的判准将会导致荒谬的结论，即无论如何都无法对人工智能进行归责。相反，只有构建了一套新的经验法则才是有意义的探讨，也即以人工智能的预测水平为标准，形成一套经验法则，这套经验法则必须高于人类社会的经验法则，其根源在于人工智能拥有更强的预测能力，以此作为判断相当性的标准。

（三）人工智能与结果风险的符合问题

接续上一小节的思路，如果人工智能具有更强的预测能力，能够预测更多事件，这无异于在认识上延伸了因果链条，所以要升高人工智能的行为与结果的因果关系的相当性标准，使之高于人类社会形成的经验法则。但这可能会使人工智能的行为与结果之间的归属面变得相当宽泛。传统主观归责理论的思路主要是限制故意的成立。以雷击案为例，如果人们在暴风雨席卷的森林里行走，很有可能会遭遇雷击，此时，某人带领其仇人在暴风雨的天气中到森林里去，并希望仇人死于雷击，恰好此时仇人被雷劈死，行为人是否要承担责任?[①] 韦尔策尔认为，行为人必须基于现实的事态而认为自己具有对构成要件实现的影响能力。[②] 如果行为人只是仅仅基于预测而认为自己具有对于构成要件实现的影响能力，对故意就不成立。这表明韦尔策尔是通过对于故意的限制来限制主观归责的。

韦尔策尔的观点面临着批判，因为行为人的行为参与到因果链条之中了，行为人在某种意义上启动了因果链条，尽管根据人们的日常经验法则，这种行为的成功性比较低。金德霍伊泽尔同样限制了故意的成立，但它与韦尔策尔的思路

---

① Schroeder F. C., Die Genesis der Lehre von der objektiven Zurechnung, in: *Der Blitz als Mordinstrument: Ein Streifzug durch 150 Jahre Strafrechtwissenschaft*, Duncker & Humblot, 2009, S. 7－8. 转引自庄劲：《从客观到主观：刑法结果归责的路径研究》，中山大学出版社 2019 年版，第 86 页。

② 庄劲：《从客观到主观：刑法结果归责的路径研究》，中山大学出版社 2019 年版，第 86 页。

不同，金德霍伊泽尔借鉴了风险的概念，把风险的概念置入故意之中。金德霍伊泽尔认为：如果行为人认识到自己的行为是如此危险，以致作为遵守法律且能够理性判断的公民为了避免结果必然会放弃该行为，则行为人具有刑法上的故意。[①] 既然行为人具有故意，那么行为人的行为就具有可归责性。这里的关键在于“遵守法律且能够理性判断的公民为了避免结果必然会放弃”，只要行为人能够预测到自己的行为会导致危险，并且能够理性判断的公民会拒绝该行为，那么行为人继续实施这种行为就是故意的，具备可归责性，至于行为人的行为导致了具体的何种结果则不问。

当行为与结果具有相当因果关系之后，以金德霍伊泽尔的基本思路为参照，为了避免因果关系的扩大化，要对人工智能的行为与结果之间的归责施加一定的限制。在结果的故意归责中，金德霍伊泽尔认为：要区分对于结果的抽象可能性和结果的具体可能性的认知。[②] 只有行为人认识到结果的具体可能性时才具有可归责性。判断行为人对结果具有具体可能性的认知要在风险和安全之间取得平衡，既不能一概放弃日常危险行为，也不能容忍特殊危险行为，要以理性判断

---

① 庄劲：《从客观到主观：刑法结果归责的路径研究》，中山大学出版社 2019 年版，第 87 页。

② Kindhäuser, Riskkoerhöhung und Riskoverringerung, *ZStW*, 2008（3）, S. 490. 转引自庄劲：《从客观到主观：刑法结果归责的路径研究》，中山大学出版社 2019 年版，第 92 页。

的公民如何认知为标准。例如，如果理性的公民知道刹车不灵极有可能导致车祸，此时智能驾驶系统检测出了刹车问题却仍然载人行驶，以至于发生了车祸，那么人工智能的行为就是故意的，具备可归责性。对于结果归属的限制则可以通过法益限制、进程限制和时空限制来实现。[①] 具体来说，法益限制意味着行为规范的保护对象是某一具体法益时，人工智能故意实现了风险，但是侵害了别的法益，不能认为行为具有可归责性。进程限制意味着某一规范限制某一具体因果进程，人工智能故意实现风险，但是后果却是由人工智能行为的其他要素造成的，不能单纯认为根据这一规范，人工智能的行为具有可归责性。时空限制意味着某一规范保护的是特定时空范围内的结果，如果人工智能的行为实现了风险，结果却没有发生在特定时空范围内，人工智能的行为则不具有可归责性。由上文可以看出，在主观归责理论中，人工智能的行为与其结果风险之间的符合面临着诸种限制。

四、人工智能的责任归属路径选取

如上所述，当前关于人工智能刑事责任归属问题的讨论应当回到两种责任归属路径的选择上去，关于对人工智能刑

---

① 庄劲：《从客观到主观：刑法结果归责的路径研究》，中山大学出版社 2019 年版，第 96 – 97 页。

事责任归属的争论不过是人工智能刑事责任归属原理如何应用的问题，笔者认为，基于人工智能的特点和两种归属原理的亲缘性，应当采用客观归责路径。

（一）选取标准

针对人工智能的责任归属路径的选取问题，首先要确定应当根据哪些标准来确定路径的选择，这些标准要反映我们对待人工智能的价值取向、人工智能的特点和责任归属原理的合理性。

首先，我们在如何对待人工智能与人的关系上，一贯的态度是，人工智能相对于人类而言要处于从属地位，“防范机器人向负面发展已经迫在眉睫，无须等到机器人的智能等于人的智能的那一天……它们带给人类社会的不只是工作效率的提高和人的生活改善，将冲击或改变人类社会的某些规则”。[①] 著名的阿西莫夫三原则便反映了这种价值取向。[②] 当然，这种价值取向的选择更多地涉及的是伦理层面的问题。[③] 人工智能的出现不应当威胁到人类社会的安全发展，这是处

---

① 封锡盛：《机器人不是人，是机器，但须当人看》，载《科学与社会》2015年第3期，第127页。

② 刘宪权：《人工智能时代的刑法观》，上海人民出版社2019年版，第22页。

③ 于辉、陆东：《科技进步与司法伦理——读阿西莫夫的小说〈法律之争〉》，载《湘潭大学学报（哲学社会科学版）》2021年第6期，第107－110页。杨琼：《探索机器人伦理原则》，载《中国社会科学报》2021年6月29日，第007版。

理人类与人工智能关系的前提。

其次，应当理性看待人工智能自身的特点及其对人类社会的影响。人工智能在很多方面是人的能力所不能及的，如人工智能可以全天候工作和思考，能够大量挖掘信息分析数据，能够快速地计算等，不同种类的人工智能也有不同的特点，它们可能具有某种特长。相比于人工智能而言，人类是处于弱势地位的，人工智能在各方面的能力上均超出了人类。所以，人工智能对人类而言它意味着巨大的社会进步，因为人工智能毕竟也是人创造的，人工智能可以帮助人类完成许多高难度工作。但是，人工智能也潜藏着风险，例如，人工智能通过大数据搜索，可以很轻易地掌握一个人的基本信息，一些人工智能产品也可能对人的生活造成威胁等。① 人工智能的强大决定了我们要对人工智能保持警惕，人工智能所能带来的巨大社会效益决定了我们在未来不可能拒绝人工智能的大量应用。

最后，在归属原理的合理性上，归属理论的发展史就是主观归责客观化的历史。② 在主观归责理论中，行为人的行为是否具有可归责性主要在于行为人的自由意志和目的，如

---

① 参见刘宪权：《人工智能时代的刑法观》，上海人民出版社 2019 年版，第 3－15 页。

② 陈尔彦：《现代客观归责理论的源流：从主观到客观》，载《刑法论丛》2020 年第 3 期，第 249 页。

果行为人缺乏自由意志，则行为不具有可归责性。客观归责理论改变了意志的核心地位，行为是否具有可归责性的判断标准是行为在客观上是否创造了风险，客观归责理论的客观性由此彰显，如果行为所创设的风险处于法秩序允许的范围内，行为就是不可归责的。两种归属原理关注的重心不同，主观归属理论关注的重心是行为人，客观归属理论关注的重心是规范。两种归属原理都有一定程度的合理性，特别是在上文中展示了客观归责中可以进行主观解释，主观归责中也可以进行客观解释，所以，我们要根据归属原理运用的对象特征来对归属原理加以取舍，这构成了归属原理选取的实质理由。

（二）选取理由

归属路径的选取标准是我们处理人工智能责任归属路径选择的大框架，有赖于我们对实质理由的填充，我们采用客观归属路径是因为客观归属路径更符合前面的选取标准。

人工智能具有工具属性，工具是服务于目的的，人工智能自诞生之日起便服务于人，是人们的生产工具，人工智能的本质是技术要素的集合，尽管这些技术要素在强人工智能时代具有自主学习与自主决策的能力，这也不妨碍我们将其定性为工具，更进一步讲，之所以人工智能具备自主学习和自主决策能力，也是为了更好地服务于人类的需要。人工智能脱离不了人的制造，“作为自然史的物种进化史是作为生产工具的动植物器官的形成史，而批判的工艺史研究的是作为社会人的生产器官的生产工具的进化史、发育史，相对于自然史，这就是一种人类史或广义文化史。由此看来，人类自身的生物性智能，不是人直接创造的，总体来说首先是自然进化的产物；而AI作为一种物理性机器智能，则是由人直接创造出来的”。[①] 我们认可在强人工智能时代，人工智能具有自由意志。[②] 人工智能的自由意志可以作为未来司法中审问被告人的基础。但我们同样应当认同人工智能的工具地位，如果强调人工智能的意志作为归责的基础，那么归责的关键就聚焦在人工智能对其自由意志的解释上，这就偏离了人类创制的刑法规范的中心地位。如果说主观归责理论对于人的归责具有一定的解释力，但是由于人工智能的地位不可与人同日而语，那么主观归责理论就不宜直接运用到人工智能上。

在社会风险与社会安全之间，应当以社会的安全作为优先价值，我们探讨人工智能的责任归属问题，前提条件是我们不希望人工智能制造人类社会无法承受的风险，这便是我们看待人工智能所带来的社会效益与其所蕴含的社会风险的

① 刘方喜：《生产工艺学批判：人工智能引发文化哲学范式终极转型》，载《学术月刊》2020年第8期，第6页。

② 刘宪权主编：《人工智能：刑法的时代挑战》，上海人民出版社2018年版，第3-16页。

指导方向。但是，即便有了这样的指导防线，人工智能由于具有强大的学习能力和自主决策能力，还是有可能会偏离程序设定，进而有可能造成社会风险的，而恰恰又是因为人工智能的强大能力，其所制造的风险具有重大性，必定为刑法所不容。此时便需要切实可操作的归属原则来将不法后果归属于人工智能的行为。

客观归属理论恰恰是以风险为核心构建起来的归责原理体系，风险升高理论说明了立法者的价值权衡，它设定了人工智能不能超越的风险标准。风险实现理论要求注意规范的保护目的因此需要人工智能的能力更强而得以扩张。合法替代行为理论要求推定人工智能的行为是可归责的，除非证明人工智能即便实施了与其风险认知能力相匹配的措施也无法避免风险发生。客观归责理论能够满足我们对于人工智能禁止风险的要求。客观归责理论虽然也带有一定的合理性，但其在故意和过失之间推定的选择受制于人工智能的主观意志，其在因果关系的认定上要求形成人工智能共同体的经验法则，在风险结果的实现上要求探寻理性判断的公民如何认知，并且对人工智能的结果归责施加一定的限制，这说明，如果主观归责理论运用于人工智能将会产生许多需要补救的问题。

五、本章小结

人工智能已经融入了人们的社会生活，当人工智能造成不法后果时如何进行归责是本章讨论的主题。

人工智能的责任归属问题，实际上就是责任归属原理的应用问题，所以，我们首先概述了当前的责任归属路径，它包括主观归责和客观归责。主观归责经历了从康德到黑格尔的嬗变，其中不变的是均把意志自由作为归责的前提。客观归属经历了从拉伦茨到霍尼希再到罗克辛等人的嬗变，产生出了一套围绕风险概念建构起来的理论。从主观归责到客观归责，呈现出一种从意志到规范、从主观到客观、从事后的结果归属到事前的风险分配的演变趋势，基于刑法谦抑主义，刑法依然要主张事后结果的责任分配。

梳理学说史之后便转入了对归属原理的应用。客观归责理论包括风险升高理论、风险实现理论和合法替代理论。其核心是，如果人工智能的行为升高了法不允许的风险，并且实现了这一风险，那么该行为就是可归责的。主观归责理论涉及风险的可认知性问题、风险链条的预测问题和结果风险的符合问题，主观归责理论在应用于人工智能时引发了这些问题且需要一定程度的补救。

最后探讨了人工智能的责任归属路径选取问题。其中，人工智能责任归属路径的选取标准围绕三个方面展开：一是我们如何对待人工智能与人类的，二是我们应当如何看待人工智能的特点及其对人类社会的影响，三是归属原理的合理性问题。基于人工智能的工具属性、基于人工智能强大的风险制造能力、基于客观归责理论的现实可行以及主观归责理论面临的问题，我们主张应当采取客观归属路径。

第五章

人工智能刑事责任的排除事由

一、概述

犯罪排除事由是在刑法法益被侵害的客观结果下，由于存在刑法明文规定或部分超法规的特殊事由，使侵害行为不具有完备的犯罪构成要素，从而不构成犯罪行为。犯罪排除事由可分为犯罪主体的排除事由、犯罪客体的排除事由以及主观方面的排除事由，在人工智能的语境下，不应再单独构建犯罪排除事由的理论框架，与其他犯罪行为相比，现有的技术条件下的人工智能体主要在主体层面上具有适用的特殊性。

（一）排除事由的基本理论

犯罪排除事由应当具备以下三个特征：首先，犯罪排除事由的前提为存在刑法法益被侵害的客观结果。该侵害后果不仅包含物质性的，也包含非物质性的，但该结果应当是客观发生的而并非一种潜在的可能。其次，犯罪排除事由的依据为刑法或超法规的刑法理论。犯罪排除事由具有两种合法性的基础：一种是在刑法中明确规定的正当防卫行为、紧急避险行为、意外事件与不可抗力等；另一种则是超出法律规范的，源于刑法理论与立法目的的排除事由，如法令行为和业务行为等。最后，犯罪排除事由的结果为不构成犯罪行为。不同于刑事责任的免除，无论是具有刑法依据的还是超法规的犯罪排除事由，均从一个或多个方面阻碍了犯罪构成要件的成就，进而使先行为本身不构成一种犯罪。

根据犯罪排除事由阻断的要件类型可分为犯罪主体排除、犯罪客体排除和犯罪排除。犯罪主体的排除事由通常指无刑事责任能力实施的侵害他人的法益行为，因不具备犯罪构成中主体要件故而不属于犯罪。犯罪主体排除事由的关键便在于如何界定刑事责任能力，一部分学者认为刑事责任能力是指个人对自己的行为担负刑事法律责任的能力，还有一部分学者则认为刑事责任是指在犯罪行为发生的时候，对自己的行为性质、行为后果以及其社会评价等有一定的认识，并且可以控制自己的行为，进而对自己的行为承担相应的法律责任。[①] 对此，学界主流观点认为，行为人的认知和控制能力与一个人的智力水平和心理状态密切相关，为了确保法律的一致性和可操作性，各国都采取一视同仁的做法，即规定承担刑事责任的年龄范围，对于达到规定年龄的主体，原则上均认为其对自己行为具有足够的辨识和控制能力。在理论上，这样一种严厉而僵硬的法律推理是要付出代价的：如达到了法定刑事责任年龄的主体仍没有具备对自己行为的认知和控制能力，但根据法律的规定，仍然要负刑事责任；或者，如果一个人没有超过这个年龄，就具有辨识和控制能力，并且因为法律认为他没有能力而不能对他进行刑事处罚。从这一点上可以看出，这条法律只是采取了一种兜底措施。因此，当行为人不满足刑事责任能力时，不承担相应的刑事责任，即构成犯罪排除事由。

犯罪客体的排除事由主要包括被害人承诺与自损行为。犯罪客体作为犯罪构成要件之一，主要承担社会评价与价值判断的功能，一部分学者认为犯罪客体单指行为客体，即“不法行为危害的自然人、单位、社会或国家”，还有一部分学者则持“利益说”“权益说”“法益说”等观点，认为犯罪客体既包含行为客体也包含行为对象。在人工智能的语境

① 参见马克昌主编：《犯罪通论》，武汉大学出版社 1999 年版，第 244 页。

中，并未打破原有犯罪客体排除事由的构成。

对于主观方面的排除事由来说，主要包括：正当防卫、紧急避险、推定承诺行为、自救行为、法令行为、正当业务行为、刑事义务冲突行为、正当冒险行为、意外事件与不可抗力等。在现行刑法中，主观方面是对行为所造成侵害后果持有的主观状况，分为故意和过失。[①] 首先，应当明确主观方面应严格对应“行为时”的主观表现。定义必须严格、准确。其次，主观方面并非一种心理事实而是一种规范评价。[②]“心理事实”是指犯罪人对于危害结果的一种心理状况，从心理学的角度来看，犯罪人的心理本质是逐步形成的，是认识、情感和意志的综合体现。规范评估则是一种“刑事准则”，是对犯罪主体在犯罪主观方面对存在的心理事实作出否定的评价和谴责。标准的评估，是一种肯定或否定的价值评判，然而，实际上，我国的刑事法律规范并非完全否定犯罪主体的所有心理事实，相反，它只是在各种犯罪形态中对犯罪主体的肯定或谴责。在刑事故意的情况下，刑事法律所否认与谴责的是心理事实的情感和意志因素；而在过于自信的情况下，刑法谴责的则是心理事实的认知因素，不管是对

---

① 参见高铭暄、王作富、曹子丹主编：《中华法学大辞·刑法学卷》，中国检察出版社 1996 年版，第 830 页。

② 参见高铭暄主编：《刑法学原理》（第二卷），中国人民大学出版社 1993 年版，第 5 页。

自己的评价过高，还是对自己的评价过低，都是一种错误的认知，正是因为有这样的认知因素存在，才会让人相信自己的行为，而造成一种本来可以避免的、通常是非常严重的伤害，从而扰乱了社会的安定；在疏忽过失的情况下，刑法谴责的则是心理事实的认知因素，虽然没有意识到危险的后果将会产生，但并不能否认此时行为主体的认识可能性；一方面，行为人具有认识的可能性；另一方面，又因为他的责任或行动，使他承担了一项法定的责任，即后果的责任，而他却忽视了这一责任，从而导致了一种可以意识到并可以避免的严重后果，因此构成了一项罪行。

（二）人工智能刑事责任排除的基本问题

人工智能刑事责任的排除主要体现在其人工智能主体的特殊性上，与普通犯罪行为的排除事由考量相比，其特殊性在于能否适用犯罪主体的排除事由。

首先，人工智能体并不具备与人同等的主观水平，不具备作为刑事责任主体应当具有的认知和控制能力。人工智能即使在学习中具有了一定的独立认知能力，其认知与学习依然是依据人编写的程序，其认知体系——电脑程序并不具备刑事责任主体所要求的认知水平，也不具有足够的自我控制能力。即使最为先进的人工智能体，依然是承载着其开发、使用、管理主体意志的载体，并不具备自主的选择能力。

其次，在程序的设计和运行上，智能机器人不承担任何法律责任。未来，随着人工智能技术的不断发展，智能机器人将逐渐摆脱对人类的依赖。在此背景下，智能机器人虽然具有一定的认知和控制功能，但该功能的实现是由人的设计和程序决定的。从某种意义上说，这是设计师对产品认知和控制的延伸。因此，智能机器人不应为其行为承担刑事责任。原因如下：第一，在人类设计和编程的程序范围内执行行为时，智能机器人实现的是人类意志而不是自主意志。如果智能机器人实施了危害社会的犯罪行为，属于程序设计员编写的范围，则证明犯罪行为符合程序设计员编写的意图，体现人的意志和智慧。当机器人在设计和编程的程序范围内进行行为时，它应该被视为人类用来实现其犯罪意图的“智能工具”。第二，在设计和编写的程序中，智能机器人只能无条件地接受程序设定（程序失败除外），根据编程编写的目标来决定自己的动作，而不能自行决定动作目标。此时，智能机器人已经能够自主决策完成既定行动目标的路径。在行为目标上，由开发者设计和编写的程序完全控制，这是智能机器人无法改变的。因此，在人类设计和编写的程序中，智能机器人的动作是人类的意愿。如果智能机器人犯下严重危害社会的罪行，其本质是满足程序员和用户的意图。对于开发者来说，智能机器人是一个“工具”。智能机器人本身不承担任何法律责任。智能机器人的开发者和使用者负有法律责任。无论是开发者还是使用者都不会与智能机器人一起构成共同犯罪。

二、正当防卫

根据我国《刑法》第二十条第一款的规定，正当防卫是防止非法侵害自己或者他人的国家、公共利益、人身、财产等权利的行为持续受到不法侵害，防止不法侵害，从而采取的制止不法侵害并对不法侵害人造成损害的行为。这一规定明确界定了正当行为的概念，肯定了正当防卫的合法性，概括了正当防卫的构成要素，是防卫意识和防卫行为的统一。正当防卫应当具备以下特点：

（一）防卫对象的聚焦性

正当防卫具有侵害性。为避免波及无辜，必须对违法者实施正当防卫。正当防卫一般是针对非法侵权人的人身进行的。违法侵权人将财物作为犯罪工具或手段使用时，如果能够通过破坏财物来保护合法权益，也可以保护财物。例如，如果非法侵权人使用汽车撞向防御者造成伤害或死亡，则破坏汽车即构成正当防御。

（二）防卫时点的即时性

正当防卫的存在是建立在防止正当利益受到紧急侵害的

能力之上的。因此，如果违法侵权行为尚未开始，可以请求公众救济；如果侵权已经完成，就没有辩护的余地。因此，正当防卫的时机应该是在违法侵权行为发生的时候。

不法侵害正在进行，即不法侵害已经开始，尚未结束。关于“正在进行”有三种理论：一是开始着手。[①] 认为正常情况下，违法侵权人开始违法侵权的时间为违法侵权的开始时间。二是进入现场。侵略者进入入侵地点的时间视为侵犯的开始时间。三是混合理论。[②] 合法权益面临被侵害威胁的时间，视为非法侵害的开始时间。混合理论是我国刑法学的一般理论。根据该观点，一般情况下，当违法侵权行为人开始实施违法侵权行为时，他们可以进行正当抗辩。但是，当违法行为人的准备行为足以对合法权益造成威胁时，一旦实施，再想减轻或避免为时已晚。当结果受到威胁时，也可以采取正当防卫。

在我国，关于非法侵权终结的认定问题上，也存在争议。有人主张，损害后果发生的时候，即违法行为终止之时。还有一些学者主张，应当以停止违法行为的发生为终结。有的学者主张，只要当事人离开了犯罪现场，就可以认定违法行

① 参见郑晴：《正当防卫时间条件界定之探索》，载《法制与社会》2015 年第 29 期，第 289 - 291 页。

② 参见丁春燕：《正当防卫中“正在进行”之界定的不同学说分析——司机致劫匪伤亡事件引发的思考》，载《政法学刊》2011 年第 28 期，第 61 - 66 页。

为的终结。有学者提出，将非法侵害的客观危害排除在外的时候即为终结时刻。但是，大部分学者持“妥协”的态度，并提出“因人而异”的看法。通常，在以下情形中，不能采取正当的防御措施：损害的后果已产生；违法的人已逃脱；违法的人已被制服；违法的人已失去权利；不法的人已停止实施。因为我国现行《刑法》并无关于自救的规定，所以，对一些侵权的犯罪，即使犯罪已发生，但在犯罪发生后，仍有时间在现场进行补救，则应认定违法犯罪并未终结，可以采取正当防卫。

（三）防卫条件的现实性

违法行为的发生应当是真实的，并非主观的猜测。在没有实际侵权行为的情况下，犯罪人将违法行为误认为有违法行为，并采取了防卫行为，即构成了假想防卫。[①]

假想防卫属于一种事实认识错误，在我国，对于假想防卫采用狭义的定义，认定其实行为人主观上错以为存在紧急不法侵害从而实施的侵害行为，这种误解属于法理中可被容许的要件错误。假想防卫因产生了认知上的错误，并未阻碍“故意”这一主观要件的成立，因此通说认为不构成犯罪的

① 参见劳东燕：《法益衡量原理的教义学检讨》，载《中外法学》2016 年第 28 期，第 355－386 页。

排除事由“正当防卫”，应当根据具体情节承担相应的过失犯罪责任，不存在过失的则应按意外事件处理。[①] 笔者认为，虽然“通说”是一种理想的行为，但如果不充分讨论假设将其视为疏忽或事故，将会导致其适用范围过宽，实践中处理不当。

根据上述我国对于假想防卫的定义可以看出，该成立要件过于宽泛，仅仅以认识偏差作为判断假想防卫和正当防卫的边界，而忽视了在此认知上的行为本身及行为结果的特点，很容易产生处理不当的后果。结合正当防卫的五个构成要件，笔者认为，假想防卫在这五个方面均应独立判断。第一，最为标志性的是行为发生条件，即在假想防卫中，行为人错误地认为发生了不法侵犯，实际可能并不存在；第二，从时间条件上看，行为人错误地认为该不法侵犯正在发生；第三，从主观、对象条件看，假想防卫与正当防卫相同，都要求有防卫的意图、针对实施不法侵害人；第四，对于限度条件，假想防卫也要求不能超过明显的限度，但该限度能否等同于正当防卫的限度，实践中存在较大的争议。[②] 笔者认为，不论是否具有主观认识错误，对于防卫的限度均应当予以严格

---

① 参见李立丰：《从“误想防卫过剩”到“假想防卫过当”：一种比较法概念的本土化解读》，载《清华法学》2018 年第 12 期，第 95－117 页。

② 参见高铭暄：《正当防卫与防卫过当的界限》，载《华南师范大学学报（社会科学版）》2020 年第 1 期，第 157－168 页。

把握，不能通过假想防卫之手变相降低该必要限制。同时，无论是何种类型的假想防卫，均与刑法的均衡原则相背离，而正当防卫因构成“具有正当性”的排除事由，认定不构成刑事犯罪契合刑法目的，但假想防卫却不具有这一“正当性”，防卫的限度不具有因此降低的合理性。同时，考虑到假想防卫与普通犯罪相比，在主观上为防卫不法侵犯而产生的过失犯罪，可以适当减轻、从宽处罚。

（四）防卫意识的可放弃性

建立正当防卫既是为了实现功利性，也是为了实现公正。正当防卫作为一种具有“非犯罪”性质的行为，其原因除了能够对其法律权利起到一定的保护作用外，还包括对其自身的主观保护。其主要内容有两个部分：防御意识和防御目标。

在这种情况下，我国的防卫主体应当有以下几个方面的认识：①应当承认违法行为侵犯了自己的合法利益。犯罪人自以为没有违法犯罪，或明知有违法犯罪，却仍采取了所谓的还击行动。对于违法犯罪所侵犯的法律利益的特定属性，则无须自知。②必须了解防卫的时机，即在明知违法行为还没有发生或已完成的情况下，采取“防卫”的措施，即非正当防卫，则属于蓄意犯罪。③必须了解非法的加害人。在进行防卫时，需要明确违法的人，也就是防卫正对的目标。在明知他人未进行违法行为人的情况下，仍对其进行“防卫”，则属于加害，而非正当防卫。对违法侵权人的认知，其目标是明确其防卫目标，通常并不需要其意识到应承担的责任，而对其未成年、精神病等情况的认定，则有其意识的义务。

然而，正当防卫不要求对防卫人的具体防御力度有清楚的了解。在需要防御的情况下，防御者的意识和自控能力都会下降，因而无法准确地评估攻击的具体程度和防御的准确程度，只要防御者意识到自己的行动是为了阻止这种攻击时的必要性，而无须让他意识到防御行动的准确程度。

在不具备正当防卫的主观前提或在实施防卫过程主观意思发生变化的情况下，不属于正当防卫，属于非正当防卫，严重者构成故意犯罪。

（五）防卫强度的限制性

如何确定防御限度，我国有“基本相容论”“必然论”和“妥协论”三种观点。基本相容论认为：正当防卫的强度一般应与违法侵权的手段、强度和后果相适应。[①] 需要说明的是，正当防卫的力度应该仅限于有效制止违法违规行为所必需的范围。如果根据侵权行为的特点来确定防御行为的界限，很容易不合理地减少防御的辩护权。折中理论认为，基

---

① 参见崔国升：《关于正当防卫制度的相关研究》，载《法制博览》2021 年第 29 期，第 103 - 104 页。

本适应理论和必要理论并不排斥。正当防卫原则上应以制止违法行为所必需的力度为限。在考虑防御是否过度和必要时，也必须考虑侵权行为的性质、方式、强度、后果是否基本一致。多数学者主张妥协论。影响防卫强度的因素主要包括下列三种，在防卫时应综合考虑：

第一，防卫的客观条件。防御的客观条件包括防御的时间、地点和环境。一般来说，对于同样强度的违法违规行为，夜间可以比白天防御具有更大的强度；在偏僻地方实施防卫，比在闹市采取的防卫，可采取较大的强度；在房间里实施防卫比在室外防卫，可采取较大强度的防卫；在社会治安状况混乱时比在社会治安稳定时，可采取较大强度的防卫。

第二，侵害一方的情况。不法侵害的强度在一定意义上决定了可采取的正当防卫的强度。一般来说，防卫侵害人身的行为比防卫侵害财产的行为强度要大，防御致死性暴力的强度大于防御普通性侵犯，而防卫使用武器的伤害要大于防御徒手的伤害，防御强壮的人的力量大于防御脆弱的人，防卫多人实施的不法侵害比防卫单人实施的不法侵害强度要大。

第三，防卫一方的情况。防卫强度应与防卫所保护的权益大小成正比，防卫保护较小的权益不应采用过大的强度。防卫人手中有器械的应尽量采用较小的强度，防卫人为多人而侵害人为一人的，防卫应采取较小的强度。

三、紧急避险

《刑法》明确规定的犯罪排除事由，除正当防卫外还包括紧急避险，即为了保护本人以外的其他自然人、单位、社会和国家权利免受正在发生的危险，从而采取的侵害其他较小合法利益的行为。

关于紧急避险的理论基础，各学派持不同观点。自然学派认为，紧急避险属于自然人权，属于正常理性人基于保护他人生命、财产等权利而进行的某些私权的转移，是人法不能剥夺的。[①] 功利主义法学派认为，当法律和利益冲突无法平衡时，紧急避险是客观上最后的手段，谴责行为人是没有根据的，紧急避险行为不应受到惩罚。[②] 自由主义者认为，在突如其来的危险面前，行为人往往会失去意志上的自由，他的行为与一个没有责任的人一样。[③] 我国刑法理论普遍认为，紧急回避不属于犯罪行为，不承担刑事责任。根本原因在于，它只能在受法律保护的利益遇到紧急危险时才会表现出来，无法采取其他措施避免。既然紧急避险牺牲较小的利

① 参见黎宏：《紧急避险法律性质研究》，载《清华法学》2007 年第 1 期，第 37 – 54 页。

② 参见朱易：《浅析反抗紧急避险行为的法律性质》，载《法制博览（中旬刊）》2013 年第 7 期，第 97 – 98 页。

③ 参见靳晓婷：《紧急避险的法律性质研究》，载《法制与社会》2016 年第 11 期，第 291 – 292 页。

益保护较大的利益，而同时不会损害相同的利益和较大的利益，那么在这种情况下，应从社会整体或社会整体利益的角度，允许紧急避险行为。[①]

笔者认为，紧急避险的设立是一种有利于社会福利最大化的制度安排。首先，不能将法律保护的正当权益高于牺牲的正当权益，并将其超越法定的应急避难范围。这还要看紧急避难所需要牺牲的正当权益的大小。其次，刑事法学的普遍性理论带有很强的主观性，着重于对犯罪的危险和危害。若从报应处罚的基本原理出发，批判其主观恶意，可以将其视为危害。对于行为人对逃避行为所引起的损害，应该由行为人承担。因此，应从社会整体利益出发，《刑法》中明确规定了紧急回避的排除事由。在实践中，紧急避险应注意以下几个问题。

由于紧急避险是通过损害一种合法权益来保护另一种合法权益，因此，只能在必要的限度内、不能无限制地实施。一般来说，紧急回避的必要限度是指紧急回避行为造成的损害小于避免的损害，即紧急回避所保护的利益必须大于被侵害的利益。由于紧急回避是两种合法权益的冲突，紧急回避之所以不承担刑事责任，是因为该行为保护了更大的利益。

① 参见黎宏：《紧急避险法律性质研究》，载《清华法学》2007 年第 1 期，第 37－54 页。

至于如何权衡权益的大小，需要具体分析。

关于紧急避险的适用范围，有一个著名的电车难题：失去控制的电车冲向 5 个人的时候，工人搬动了道岔，使其进入另一轨道导致一人撞死，工人的行为是否构成犯罪。

尽管紧急避险是基于法益权衡下的犯罪排除事由，但是人的生命是不能权衡的，首先，生命是不能等级化的，在法律面前，每个自然人的生命都是处于同样等级的，不存在不同的生命价值；其次，自然人的生命法益是不能进行数量衡量的，以牺牲小部分无辜的人来拯救多数人的做法是得不到法律的支持的。因此，紧急避险的罪责排除性不能无限扩张，当需要权衡的法益为人的生命时，无论是谁的生命、无论多少数量的生命都是平等的、最大的权益，不属于紧急避险应当调整的范畴。

（一）避险前提

首先，避险意图为避险人对正在发生的危险有明确的认识，并希望以避险手段保护较大的合法权益。避险意图，由避险认识与避险意志两个部分组成。避险认识，是指行为人认识到国家、公共利益、本人或者他人的人身、财产和其他权利面临正在发生的危险。同时欲保护的上述利益只能通过损害小于自身的另一个合法权益来进行保全，自身为保全较大利益的行为是法律所确认的正当行为。避险意志，是指行为人出于保护国家、公共利益、本人或者他人的人身、财产和其他权利免受正在发生危险的目的。避险行为必须是为了保护合法权益，如果为了保护非法的利益，则不能实行紧急避险。如故意引起危险后，以紧急避险为借口侵犯他人合法权益的，称避险挑拨，属于故意犯罪；根本没有避险意识，其故意或者过失实施的侵害行为巧合紧急避险客观要件的，属于偶然避险，也是违法行为。

其次，避险起因条件为现实存在合法利益正面临损害的危险。只有在这种情况下，才有实行紧急避险的需要。这里要强调的是这种危险必须是现实存在的，行为人误以为并不存在的危险发生而进行的所谓避险行为，实际上是一种假想避险。对此，应按照处理假想防卫的原则予以处理。危险的来源主要有自然力，动物侵害，人的生理、病理等原因以及人的危害行为等。危险不应是由于行为人自身的非法行为引起的，如果损害危险是由于行为人的不法行为引起，行为人则无权避险。对于他人的避险行为，能否采取紧急避险？笔者认为是可以的，因为紧急避险毕竟是对无辜第三人的损害，第三人并没有义务承担他人的避险行为给自己带来的损害，而对此第三人又不能实施正当防卫，因此，应允许其实施紧急避险。

最后，避险时间为现实危险正在发生时。危险正在发生，是指危险已经发生即将立即损害利益或正在造成损害并且尚未消除。在危险尚未发生或者已经消除的情况下实行避险的，属于避险不适时，其处理原则与防卫不适时的处理原则相同。

（二）避险对象

紧急避险针对的对象是第三者的合法权益。这里的第三者，可以是自然人，也可以是法人，甚至是国家。紧急避险针对的对象是无辜的第三者。如果针对危险来源，则不是紧急避险，就有可能构成正当防卫。第三者合法权益一般是财产权或住宅权等，并非第三方的任何合法权益都可以作为避险对象，一般情况下，不允许用损害他人生命和健康的方式保护另一种合法权益。

应当注意的是，这一条件并不是绝对的，当明知无行为能力人实施侵害行为，造成了合法权益面临损害的危险，而又没有其他方法避免危险时，针对该侵害人实施的制止侵害的行为，按紧急避险处理，制止侵害的行为必须符合紧急避险的条件才能排除其犯罪性。当危险源自动物侵害时，对侵害的动物实施打击，将其打死打伤的，其行为损害动物主人的所有权，还可能侵害国家对珍稀动物资源的保护秩序，因此，只有当行为符合紧急避险的条件时，才能排除其犯罪性。但如果动物的袭击是在其所有人驱使下进行时，针对动物实施的打击行为则构成正当防卫，不按紧急避险处理。

（三）避险效果

根据前文所述，对于紧急避险是否具有正当性的问题上，我国主流观点持肯定态度，但对于紧急避险正当性的理论根据上存在不同的看法。《刑法》第二十一条除规定“必要限度内的紧急避险”外，该条还规定，假使避险人的行为超过必要限度造成本不应有的后果时，避险人应当承担刑事责任，但是应减轻或免除处罚。在减轻处罚的情形中，说明避险人的避险行为已经是犯罪行为，具有可罚性，并且有可能成立相应的罪名，如避险行为造成人员伤亡，超过限度的财产损失，由于避险人本就具有明知后果的主观心理，则很可能构成杀人、伤害或者损坏财物犯罪。

由此可知，在避险行为中正当行为只占一部分，其余的行为不仅不具有正当性，甚至属于犯罪行为。这部分“不具有正当性的避险行为”，即为“避险过当”。比如，电车难题中以生命换取生命的情形。再如，当保全法益不明显大于损害法益的情形。在当面保全法益与损害法益两者处于同一层级的情况下，有观点认为：若避险行为损害的法益与要保护的法益相同，同样可以将避险行为认定为阻却违法事由。例如，为保全自己的或是亲近之人的性命将危险转嫁给他人的避险行为视为阻却责任的事由。存在这种观点的原因，可能是忽略了避险人因避险行为而造成的法律效果。从现实角度出发，在法益存在冲突的情况知悉，紧急避险所保护的法益必须是冲突的法益之中具有明显的优越性进而在紧急场合之下可当场识别的那一个；在不可被量化的同种利益之间出现冲突，或是可量化但没有级差的不同种利益出现冲突的情况之下，是很难在紧迫条件之下判断利益保护优先级的，此时从法律上通过鼓励或是提倡某个利益进而确定为一般化的“正当行为”是不适宜的，更多的应该是根据公民当场的判断做依据。并且，只有保全利益较之于损害利益明显较优，才宜从法律上对被避险人提出“因为事后会赔偿（补偿），所以请忍耐”这种要求；如果冲突的法益等同或者没有级差，甚至是以“生命对抗生命”，就不宜简单地向被避险人提出诸如“因为事后会赔偿（补偿），所以请允许我现在杀害你”这种要求。

另外，从被避险人角度来说，使被避险人承受侵害而达到避险目的的期望是很难实现了，从主观上忽略了被避险人的意志，从客观上来说，我国《刑法》第二十条第三款明文规定当公民遭受暴力侵害时可以行使特殊防卫权来保护自己的合法权益，通过法律保护了被避险人不承担避险所带来的暴力侵害的自由。假如对避险人而言避险行为与暴力侵害所造成的损害结果没有差别，所谓的保全利益就变成了将所受危险转嫁给他人代为受过，明显不符合紧急避险所要求保护的法益应大于损害的法益。由此可见，前文提及的将保全法益和损害法益相等同的避险认定为阻却违法事由，将侵害他人生命以保护其他生命的避险认定为阻却责任事由的观点是不现实的，不仅不易操作，而且没考虑“以生命对抗生命”之外，被避险人人身权利遭受类似《刑法》第二十条第三款所列暴力侵犯的其他情形。[①] 因此，针对避险行为之中相冲突的法益处于同一层级或是利用暴力手段达到避险目的的情形，不能够满足紧急避险中“在必要限度内”的相应要求，不具有正当性。

综上所述，《刑法》第二十一条第一款紧急避险中未超过必要限度而不负刑事责任的情形，因其保全利益明显优于损害利益，所以属于一般地应当给予肯定的正当行为；而第二十一条第二款中超过必要限度但可以免除处罚的避险行为，法律则无法宣判其为正当，因保全利益等于或不明显大于损害利益而应由公民自行判断的情形。

（四）利益衡量

紧急避险中的法益衡量应遵循一定的基本原则。首先，被保护与被侵害的法益均是财物的情形，需根据财物的价值进行权衡与对比，即被保护的利益应大于避险行为所损害的

---

① 参见冯军：《正当防卫理论与实践问题辩驳》，载《中国检察官》2018 年第 18 期，第 22－25 页。

法益；其次，被保护的法益是人身权，被侵犯的法益是财物，这种情况是相对比较好选择的，不论在什么国家，社会制度的相同与否，人的生命权都是无价的，是远远大于财产权利的，这种情况毫无疑问属于紧急避险的范畴。

如何对紧急避险中相同法益进行利益权衡是当今学术界讨论较多的议题，正是由于相同法益权衡的模糊性，为使紧急避险在法律实践中更好的实现，当今世界多数国家选择在刑法典中规定被损害法益应当明显小于被保护法益的表述，这就在犯罪阻却事由中排除了损害利益与保护利益相等的避险行为。一方面是出于紧急避险正当性的要求，另一方面也说明了对相同法益进行利益权衡在实践中的难度，因此，只将紧急避险中冲突法益具有明显可比性的行为纳入法律保护的范围。如《俄罗斯联邦新刑法典》第三十九条规定：避险行为“造成的损害等于或大于所防止的损害时，则认为是超过紧急避险的限度”。《德国刑法典》第三十四条规定：“所要保全的法益应明显大于所要造成危害的法益。”《日本刑法典》第三十七条也有类似的规定。上述国家的刑法典中之所以不允许同等法益的紧急避险行为，是基于紧急避险制度设置的初衷就是为了在紧迫的危险来临，同时缺乏其他行之有效的救济方法之时，为避免较为重要的法益受损而损害较小法益的行为的救济，因此，从社会公共利益的角度出发，保护法益与被损害法益相等的避险行为是没有意义的。同时，持这种观点的学者还认为，如果法律允许这种被保护法益与被损害法益相等的紧急避险，很可能会导致在危险来临的时候，人们选择通过牺牲他人的合法权益来保全自身同等法益的现象，或是将自身所面临的危机转嫁给他人，这不仅不能为社会带来益处，反而会导致更大的社会危机。一些学者对此持反对态度，因为从社会整体的角度来看，发生冲突的法益两者价值相等之时，避险人的行为是一种“迫不得已”的违法行为，社会并不会对这两个相同利益产生偏好或是袒护其中某一个法益。有时人们也这样认为，“‘迫不得已的违法行为’是一种‘超法规’的行为，刑法既不强迫人们作出牺牲，也不将英雄主义强加于人”。

综上所述，紧急避险在保护法益与损害法益没有明显优劣的情况下，不应当成为阻却其违法的事由。虽然从宏观上来看，基于社会整体的利益出发其公共法益并没有受到损害，但是从微观上来说，被保护的法益是将自身法益所面临的危机转嫁给了其他主体，通过损害其他主体法益的行为，使原本应当遭受损失的法益豁免。同时，被损害的法益实际上是不应遭受损失的，但正是避险行为的不法侵害而导致其受到损害，这是没有法律依据的。从公平角度来看，避险行为所保护的法益是应当减损而未得到减损的，被损害的法益是不应当减损的却得到了减损的后果，前者可以说是一种不当得利的行为，而后者则是遭受了明显的不法侵害。因此，从社会个体的微观角度出发，同等法益的避险行为，明显违背了社会最基本的公平要求，对社会的稳定和谐产生了不利影响，应当予以禁止。

四、其他事由

除不可抗力与紧急避险这两类刑法明文规定的排除事由外，实践中还存在大量超法规犯罪排除事由。超法规排除事由虽然未在刑法中明确规定，但根据法秩序的精神仍还在整个法律体系之中。

（一）基本原理

应当明确的是，超法规的排除事由与罪刑法定原则是相互统一的，罪刑法定原则对于权力机关对法定行为的出罪并非加以限制，[①] 而超法规排除事由作为出罪的依据并不违反罪刑法定原则。

前面已经指出了四要件的构成说是一种封闭的犯罪构成说，它没有论述违法阻却的条件，也就是说，传统的四要件犯罪构成系统中没有出罪事由，所以，不能解决刑法以及正当防卫、紧急避险为什么在形式上符合犯罪构成的前提下，却又不能提出除了正当防卫、紧急避险这两类法定的排除犯

① 参见陈兴良：《刑法的启蒙》（第3版），北京大学出版社2018年版。

罪事由以外的其他不具有实质违法性的超法规违法阻却事由不构成犯罪的依据。这种基于“违法”和“有责”概念的大陆法系的等级犯罪制度，可以在违法者阶层中得到解决。这一类型的要件（本书以三个层次的犯罪结构系统为例）对违法性和违法性的判定，并坚持实质的违法性论者（二元论的行为无价值论者）认为违法性的本质是行为违背法律，并且造成法益侵害的后果或者危害。而无价值论者则认为违法性的本质是行为导致了法律损害的后果，甚至是危害。因为它的本质违法性理论，使违法性的违法性理论不是封闭的、固定的，而是开放的、发展的，从而避免了在没有危害的情况下，在刑事法律中不能排除的窘境。本书认为，从本质违法性理论的层面来看，从犯罪的违法性和违法阻却事由的角度来判定，可以从犯罪构成内部为行为的可罚性提供基础，为超越法律的违法阻却事由提供了天然的存在土壤。

当前，我国刑法学界对这种阶级性的犯罪结构进行研究、接受和运用的学者日益增多，而且在绝大部分情形下，四要件和三层次的犯罪结构系统对一项行动的分析都是一样的，只是在一些特殊的情形下，如刑法但书、正当防卫、紧急避险等。四要件要求在构成系统之外讨论排除事由，三要件是从犯罪构成系统中提出排除事由。这样的区分，既反映了三层次理论的优势，又为违反法律规定的违法性事由提供了合理的基础，因此，我们在处理刑事案件时，就可以运用这一新的制度来探讨其行为的本质。

（二）具体例证

超法规的犯罪排除事由主要包含被害人承诺、自我伤害行为、自救行为、法令行为、业务行为、刑事义务冲突、正当冒险行为、意外事件与不可抗力。

被害人承诺是一种以被害人同意他人侵犯其合法权益为前提的阻却违法的行为，它对其负有刑事责任的义务起着举足轻重的作用，从而使其不能构成侵权。在保证受害人的义务时，应当具备以下几个方面：受损害的权利是受损害的权利；承诺人只能对自己的利益作出承诺，而不能对国家、社会和他人的合法权益作出承诺。承担义务的人要有承担责任的能力，也就是说，承担责任的人必须具备相应的识别和控制能力。保证义务应在事前作出，而在事后作出时，则不能实现，否则，国家的诉讼权利将在受害人的意愿下被支配。不允许作出事后的保证。在犯罪事实面前，只有在犯罪的后果发生前才会作出保证，而在犯罪事实中，被告人的义务也会受到损害。承诺的行动不得超过允诺的限度。但没有辨别能力和控制能力的精神病患者，因没有承担责任的能力不在此列。对于未成年人，不能简单地用年龄来界定，应结合义务（侵害的种类、程度等）来确定。保证应出自承担人的真正意愿，如果是强制许诺则不能履行。欺凌（通常指的是吹牛）、被强迫后许下的诺言，不能阻止不法。相反，如果侵权人在进行欺诈时，通常会导致受害人认识上的严重失误，或者是决策上的错误，那么，这种承诺就会失效。

自我伤害行为：是指行为人对自身利益的侵害。“自毁”与“被侵害人”的“许诺”行为并不构成“犯罪”是同一原理：“权利主体”本身不受“刑事责任”的侵害，因此，不能构成“犯罪”。任何仅属于权利人个人的权益，在侵害该权益不致影响国家安全、公共安全或他人利益并且不是特定条件下逃避特定义务（如战时自伤），是属于权利人可以自由处置的。

自救行为：是指“当自己的法益遭到侵害时，如果等待基于国家的正规的法律程序的救济不可能获得及时救济的场合，个人以自己的实力对该法益予以救济的情况”。[①] 自救行为与正当防卫的区别关键就在于不法侵害是否已经结束。“正当防卫是在侵害正在发生时实施的，而自救行为是在侵害终了之后实施的。”[②] 同时，自救行为须在遭受不法侵害的法益具有可恢复性时才允许实施，这也就限制了允许通过违法行为来完成自救的样态。在我国主要是通过行为人主观上

① 参见高铭暄：《刑法学原理》（第二卷），中国人民大学出版社 1993 年版，第 211 页。

② 参见张明楷：《外国刑法纲要》，清华大学出版社 1999 年版，第 187 页。

没有从主观方面来排除因自救行为而导致的入罪。第一，从心理事实上说，虽然自救心理与一般的抢劫等犯罪在认识因素上基本相同，都明确地意识到对方会因自己的行为而造成某种损害，但其实这两种损害的内容并不一致，如自救行为仅是损害对方的财产权利，抢劫在损害财产权利的同时还会损害人身权利。同时，在行为人内心的意志、情感等心理因素上两者是截然不同的。从意志因素上说，虽然最终两者的意志因素是相同的，即对自己将造成的损害结果所持心理都是希望或放任，但这种意志态度的形成（动机斗争与目的形成）过程是不同的，在自救行为中，行为人实施自救行为只有保全自身合法权益这一单一的动机目的，而在抢劫的心理形成过程中，行为人一方面是有做守法公民放弃犯罪的心理动机，另一方面则是为追求不法利益而进行犯罪的心理动机，这两方面此消彼长经过一系列斗争后，追求不法利益的动机最终占主导地位，并因此确定了行为人以获得非法利益为目的。从情感上说，尽管两者客观上都表现为通过损害行为来完成自身的需求，但在其主观情感上行为人表现出来的需求是截然不同的，抢劫行为是为了实现自身获取非法利益的需求，而自救行为则是为了满足对其自身合法权利得以保全或者恢复的需求。第二，从规范评价上看，显然无论是严格的法律规范还是普遍的伦理道德规范，对待抢劫行为的心理事实都是持谴责态度与否定性评价的。但对于自救心理由于其具有良好的动机并且不带有违反法律的目的，使社会公众在面对自救行为造成的损害时更加容易接受，或是对待自救心理时更具有同理性，因此法律规范在面对自救行为时会考虑社会伦理道德因素，并不对其一概予以否定与谴责。总而言之，受心理事实内容与规范评价结果两方面因素的影响，使两者在主观性质上产生了差异：自救行为人主观上对造成的损害后果没有主观方面，抢劫行为人主观上对其抢劫的后果有主观方面。

法令的行为：是指依照法律的规定或上级的命令所实施的行为，它包括两类：一是依照法律的行为，二是执行上级命令的行为。[①] 其中依照法律的行为又包括：第一，职权行为，如刑罚执行机关根据人民法院的判决书和执行命令对罪犯执行刑罚的行为，包括执行死刑、将罪犯监禁、执行罚金等；侦查机关根据《刑事诉讼法》的规定对犯罪嫌疑人采取各项强制措施如拘留、逮捕、预审等；行政机关采取的强制措施如公安机关对违反《治安管理处罚法》者的处罚，如罚款、拘留等。第二，公民个人的权利义务行为，如根据《刑事诉讼法》的规定，公民对于符合条件的现行犯、通缉在案者、越狱逃跑者、正被追捕者等扭送到有关机关的行为；又

① 大陆法系对此分类复杂，参见［日］野村聆：《刑法总论》，全理其、何力译，法律出版社 2001 年版。

如，父母对子女的惩戒行为。执行上级命令的行为是指国家机关工作人员执行其所属上级发布的命令的行为，如城建部门对某些建筑强制拆除。执行上级命令的行为可能出现两种情况：一是命令的内容、形式都合法；二是命令的形式合法内容违法。但因后者的执行者不可能也无从知道其内容违法，因而就算导致被执行者遭受重大权益损害仍不需负法律责任。依照法律的行为与执行命令的行为很多时候不能进行明确的区分，如执行死刑，侦查机关对犯罪嫌疑人采取的某些强制措施等行为，既可以认为其是依照法律又可认为其依照命令，因此对这类行为统称为依照法令的行为。不将依照法令的行为认定为犯罪行为的原因同样是行为人在主观上没有主观方面，首先，对于依照法律的行为来说，行为人持什么样的主观心理对于行为整体来说没有任何影响，因为这种行为的本质是依据刑法自身或是其他相关的法律而实施的，刑法规范无法自己否定自己。其次，对于前文所述的执行命令的行为的第二种情况，行为人并不具有主观方面第一层次的心理事实，因而导致主观方面不具有存在的基础。与此同时，需要考虑的是，执行上级命令是执行者的根本职责，一方面执行者在实施行为时是履行自身职责的需求，另一方面执行者没有权力要求对上级命令的内容进行核查。

业务行为：是指根据本身所从事的正当业务的要求所实

施的行为。[①] 正当业务行为主要有两种类型：一是医生的治疗行为，二是运动员参与体育竞技活动。正当业务行为不为罪仍然是因为行为人在主观上没有主观方面的概念，并且正当业务行为最能说明主观方面是心理事实与规范评价的统一，解释了为什么主观方面它既是一个心理学概念，又是一个法律概念。首先，主观方面这个概念的具备需要具备心理事实，但在绝大多数治疗行为中，医生并不具备这种要求，因而无法产生法律概念中的主观方面，从认识因素上来说，医生对医疗行为的认识是针对患者所患疾病而必须采取的措施，如在性命攸关的时候迫不得已进行的截肢手术，或是妇科医生为确诊妇科疾病针对女性私处进行的诊疗活动。从情感因素上说，医生实施医疗行为的目的是满足治疗患者疾病使其康复的需要，而不是出于自身损害他人身体的暴力心理的满足需求或是猥亵妇女得到某种淫秽需求的满足；同时，医生实施医疗行为的动机与犯罪心理中的动机其目的也不相符，医生进行诊疗活动时是完成其本职工作的需要，并且实施医疗行为的目的是使病人的病情康复，这毫无疑问是良好的行为动机。由此可见，医疗行为不存在犯罪的心理事实，以至于无法产生主观方面的概念。其次，体育竞技活动不成为犯罪

① 参见马克昌主编：《犯罪通论》（第3版），武汉大学出版社1999年版，第819页。

的理由是因为无法对因竞技活动而造成的伤害进行规范评价，从而导致运动员在体育竞技活动中无法成为主观方面的概念。因为在绝大多数因体育竞技活动而造成损害的行为中，不能够确认运动员给对手造成严重伤害时到底有没有持期待或放任的态度，即无法确定运动员的心理事实与主观方面心理具有一致性。

刑事义务冲突：是指“存在两个并存的义务，只有其中一个义务有被履行的可能，履行一个义务必然不能履行其他义务的情形”。[①] 这里所说的产生冲突的两个义务必须是法律义务，因为违背纯粹的道德义务并不会产生刑事责任的问题。尽管道德义务与刑事义务产生冲突也是一种义务冲突，但这时假如因为行为人履行道德义务而豁免刑事义务的话，法律的权威就会受到动摇，大量利用道德义务规避法律义务的情况就会产生。例如，警察在执行任务中看到严重的暴力伤害案件时以帮助老人指路为借口对犯罪视而不见。另外，即使是行为论很发达的大陆法系也对行为概念没有统一的定论，所以在我国将意外事件与不可抗力归为主观方面阻却事由应该是合理的。

正当冒险行为：是指“行为人为了社会的进步而实施的

① 参见冯军：《刑事责任论》，法律出版社 1996 年版，第 71 页。

可能发生损害社会结果的行为”。[①] 例如，“在公务行为中，如果行为人根据有关规则、程序并履行了相关的特殊注意义务与特定手续，但事实上发生的结果是错误的，比如错捕了嫌疑犯，这一法益侵害的危险就是允许的危险”。[②] 对正当冒险行为的性质持有三种观点：

第一，构成要件阻却说，“如若把客观的注意义务理解为构成要件要素，并用被允许的危险法理限定客观注意义务的内容，那么，它就能发挥构成要件阻却事由的作用”。[③] 李海东博士也认为允许的危险“在绝大多数情况下，它是排除构成要件该当性的要素”。[④]

第二，违法阻却事由说，认为在例如人体试验发生被试验人死亡事件时，死亡结果显然存在法益被侵害的事实，因而是符合构成要件的，但由于根据社会相当性理论正当冒险行为是法律允许的危险而不属于禁止的危险，因而可以阻却违法。

第三，责任阻却事由说，“在做了这种努力，则仍存在有主观方面的可能。也就是说，这种情况下行为人是分身有

---

① 参见王政勋：《正当行为论》，法律出版社 2000 年版，第 547 页。

② 参见李海东：《刑法原理入门（犯罪论基础）》，法律出版社 1998 年版，第 98－99 页。

③ 参见［日］福田平、大塚仁编：《日本刑法总论讲义》，李乔等译，辽宁人民出版社 1986 年版，第 109 页。

④ 参见李海东：《刑法原理入门（犯罪论基础）》，法律出版社 1998 年版，第 97－98 页。

术”。例如，在医疗活动中，医生面对需要抢救的人远远超出自身抢救的能力范围，在明明有条件进行一边抢救一边求助其他医生进行帮助的情况下，而选择故意不求助或是延迟求助导致被抢救人员的伤亡；又或者负有救助义务的救助人需同时救助不同地点面临紧迫危险中的对象，看似是一种分身乏术的不可能完成的任务，但实际上完全可以通过求助警察或消防员来免于危险的发生，假如救助人因疏忽大意未求助而导致严重后果，我们可以将这种疏忽大意归责于行为人，即行为人因具有了过失而导致其具备了主观方面。

意外事件与不可抗力：是从主观方面阻却犯罪成立。在大陆法系中，行为概念是动摇意外事件与不可抗力在刑法学中的地位的重要因素，因为凡是将心理因素视为行为要素的行为论都在行为概念之中研究意外事件与不可抗力。由于行为的构成必须要具备心理因素，因此通说之中普遍将不具备心理因素的意外事件与不可抗力的研究置于构成要件该当性中。另外，有少数学者如佐伯千仞、平野龙一等曾有过舍弃行为概念心理因素的主张，按此，则意外事件与不可抗力由于符合构成要件的该当性又没有正当理由阻却违法，因此只能将其作为责任阻却事由在有责性中加以探讨。

在我国，对于意外事件与不可抗力的研究主要集中在两方面：一方面，基于犯罪客观方面的行为概念，来证明两者的行为不属于刑法调整的范围；另一方面，通过犯罪主观方面中的心理事实与规范评价，来证明两者不具备犯罪主观方面。出现这种二分式差异的现象主要是源于大陆法系对犯罪构成的认定需满足三个层次的条件，这三个层次是层层递进的关系，即只有满足了本层条件才能进入下一层条件的审核。因其避免了同时考察不同层级条件是否满足的情况，所以通常不会出现在不同条件下讨论意外事件与不可抗力是否具有免责性的情况。我国在犯罪构成上长期使用四要件体系，各要件之间相互并列。同时，在司法实践中，对四要件的考察并没有严格的先后顺序。这种犯罪构成模式使行为理论很不发达的中国出现了既在犯罪客观方面又在犯罪主观方面研究意外事件与不可抗力的状况。

意外事件与不可抗力的犯罪排除因素是由于无论从第一层次的心理事实还是第二层次的规范评价，都无法形成犯罪的主观方面：从心理事实上说，在意外事件发生之时，行为人根本就不会意识到意外事件的发生，也就是行为人连认识到该事件发生的可能性都不存在，而意志因素的出现是依赖于行为人对该行为已经具备基本的认识因素。在不可抗力事件中，我们要明确行为人显然不具有希望或者放任该结果发生的故意心理。因此，不可抗力事件不具有意志因素，主要是通过与过失犯罪相比较而体现的，一方面，疏忽大意的过失要求行为人没有认识到结果发生的可能性，但不可抗力中行为人很明显可以意识到结果发生的可能性；另一方面，过于自信过失行为人是由于对自身或是自身之外的某些条件的过分高估，并且轻信这些条件可以避免损害结果的发生，而事实上如果行为人足够谨慎，完全可以避免这种损害结果的出现，这种草率的主观心态是造成损害结果的主要原因。但在不可抗力的情况下，因为损害结果的发生是不以行为人的意志为转移的客观事实，即便行为人持有多么谨慎的态度也不能避免事件的发生，并且行为人主观上不可能存在草率的态度或是其他过失性的错误。从规范评价上说，尽管意外事件与不可抗力存在许多差异，但法律规范和伦理规范对意外事件与不可抗力中行为人的评价也是一致的：不应当因不可能做到的事情对行为人进行道德上的谴责或法律上的非难。因为在意外事件场合下，行为人不可能认识到结果会发生，而在不可抗力的场合，行为人不可能避免结果的发生。

在人工智能承担刑事责任的语境下，对于上述犯罪排除事由，可以根据人工智能在其中的角色分别予以讨论。首先，部分犯罪排除事由要求行为人具有自然人的属性，在人工智能无法作为人身权益被侵犯载体的前提下，不存在人工智能的讨论空间，此类事由包含自我伤害行为、自救行为和刑事义务冲突。其次，对于被害人承诺、法令行为、意外事件与不可抗力，此类事由因外部因素导致犯罪主观方面的构成被阻断，且对应的外部因素与人工智能的特殊意志无较大关联，可以类同普通刑事排除事由综合判断。再次，对于业务行为而言，则首先要求人工智能从事有正当业务行为，同时不具有犯罪的心理事实或存在对业务行为后果较难形成规范评价的客观情况，在当前可预测人工智能的智慧水平及应用场景中，相较于普通理性人，人工智能在从事正当业务行为过程中存在不法意志的可能性会更小，并且人工智能较难参与到体育竞技这类较难形成后果规范评价的活动中，因此，正当业务行为对人工智能而言，亦是一种合理的犯罪排除事由。最后，对于正当冒险行为作为排除犯罪事由，则要求行为人履行了特殊注意义务与特定手续，对于人工智能而言，特定的手续及注意事项来源于人工编写的程序，如果侵害的后果是因为程序员在程序编写方面的疏导所致，则相关行为的刑事评价后果应由程序员而非人工智能体承担。

五、本章小结

犯罪排除事由可以分为刑法明文规定的正当防卫与紧急避险和超法规外的排除事由，犯罪排除事由因阻碍了构罪要件的成立，因而相关行为不构成犯罪。在人工智能的语境下，犯罪排除事由的构成与普通刑事犯罪不存在结构上的差异。需要注意的是，现行技术条件下，人工智能尚不具备独立的认知能力和控制能力，显然不属于刑事责任主体的范畴，但随着智能技术的发展，一旦人工智能具有脱离人控制的认知和自我控制能力，其主体责任与犯罪构成均应再次进行深入探讨。

结论及展望

人工智能与法律的关系是相互的：在人工智能发展过程中，少不了法律的正确指引和全面保障；在法律的运作过程中，人工智能不仅起到重要的辅助作用，同时还能引发法律基本原理的变动和修正。刑事法律与人工智能之间的关系则更为微妙，刑事法律作为事后法，主要处理对人类社会底线构成挑战的重大法益侵害事件，因此，刑事法律并不能像法学家所倡议的那样，全面地参与从底层技术到市场建设的活动之中。人工智能对刑事责任的基本理论产生的冲击，始于其对构成刑事责任理论基础的规范原理、意志自由理论和特定的构成要件之间关系的影响，然而刑事责任本身之发展也在不断重新排列组合，对整个犯罪构成体系产生影响。目前被广泛认同的责任理论主要是规范责任论和功能责任论，规范责任论在刑法学界占据主要地位，塑造了当前的犯罪构成体系；功能责任论则从说理上更加贴合现代社会的发展方向，同时对于人工智能主体本身承担刑事责任更加支持。但是学术界更加倾向于从传统的刑法教义学体系认定犯罪，功能责任论本身也没有提供在其支持者内部形成共识的犯罪论体系。为了保证跨学科研究范式的建立，本书采用了以传统规范责任论所支持的刑事责任成立要件为前提，同时在说理中吸收部分功能责任论的合理部分的方式。

首先，需要明确人工智能刑事责任的前提条件，即在构成要件方面考察人工智能时代可能面临的问题，主要包括：

第一，主体之成立，与人工智能犯罪最为相关的问题便是人工智能可否承担刑事责任，即能否作为主体，与人类相提并论。主体问题被区分为三个方面，一是人工智能体的实际控制人，即虽然人工智能在实现完全的自动化，但为了安全和责任的归属，必然要给人类提供“后门”或者“紧急制动”开关，因此，实际控制人就成为人工智能体犯罪行为责任归属中的第一人，就相当于汽车驾驶人之于交通肇事一般。二是人工智能体涉及犯罪的供应链条的延长，因为人工智能所处的领域具备高度专业化的特点，人工智能产品可能会出现紧急制动失灵的情况，从而造成实际控制人缺乏支配可能性的状况出现。这时，在可能的情况下，专业技术人员，即售后服务人员在适当的时间内就具有一个排除障碍的义务；另外，如果生产厂商忽视人工智能产品的安全隐患，那么因果链条也将会追溯到生产厂商。三是人工智能本身，既可能是软硬件结合的人工智能产品、商品，也可能只是一个作为软件形态的人工智能系统，可以装载于任何计算硬件上。其本身承担刑事责任必须自身具有完全的决定权、可以排除所有的人类干预且获得人类社会的普遍认可。

第二，行为之成立，大体分为形式上的不法和实质上的不法，前者主要涉及刑法的直接规定和法秩序统一之下刑法和其他法律部门的协调；后者则是争议最大之处，即当法益侵害行为发生时，如果可预见，那么可以在一定限度内承认该行为是刑事法律所禁止的行为。如果该行为不可预见，纯粹以意外事件和期待可能性排除刑事责任，可能是存在问题的，如果以人工智能本身作为刑事责任主体的话，严格责任并非无法适用。

第三，因果关系之成立，因主体部分普遍设定了三种不同类型的刑事责任可能承担者，实质上扩张了部分回溯禁止的法理，使因果链条延长。人工智能的作用体现在两个方面：一方面是作为犯罪工具，极大地加强了犯罪行为人控制、支配风险的能力，使时间跨度延长；犯罪工具也提升了犯罪行为针对的风险实现的可能性，因此，链条的延长是必然的。

另一方面是作为犯罪主体，可以普遍地为生产商、销售商、售后服务人员义务设定。

其次，人工智能刑事责任的归属路径。目前德国主要存在主观归责和客观归责的争议。在客观归责上，人工智能显然提升了风险支配的能力，让风险实现也更为可能；人工智能作为一把“双刃剑”，对风险的提升程度到了不可想象的地步，因此其不仅会升高风险，还会跨越原本审查的风险范围、进入其他犯罪的风险领域；人工智能往往会协助决策者或者在未来自主地做出更加合理的行为，本质上冲击了风险替代和风险降低的法理，因为这一合理的判断可能在客观上是成立的，但是不符合人类经验上的认定。在主观归责上，人工智能作为工具，能够协助行为人更为准确地认知风险，如以可视化的方式展现出明确的风险类型和实现的路径；同时，也可以通过因果关联来提升实质符合结论的达成。

最后，人工智能刑事责任的排除是法理讨论更为集中的领域。在正当防卫中，由于人工智能的行为难以理解，因此会松动对象的聚焦性、时点的即时性、条件的现实性等条件。值得注意的是，因为人工智能犯罪行为本身的认知可能性较小，防卫意识可以适度放弃。在紧急避险中，需要总体上符合人类社会的基本伦理原则，在避险的前提、对象、效果和整体的利益衡量上，都应当进行底线式的规定。

但是，人工智能的刑事责任研究整体较为欠缺，本书也是主要对刑事责任原理的扩展，而与人工智能学界的对话不足，因此本书仍旧希望有进一步的机会促成跨学科研究方法之建立，搭建人工智能相关学科与法学之间共同的对话平台。